WAC BUNKO

日本を守る 強く豊かに

高市早苗

WAC

日本を守る　強く豊かに

◎目次

装幀／須川貴弘（WAC装幀室）
オビ掲載写真提供／毎日新聞社

序章

安倍晋三元総理の遺志を継いで！

安倍晋三元総理の三回忌を迎えて

生涯忘れることはない日

生涯忘れることはない令和四年（二〇二二）七月八日。私が愛する故郷である奈良県で、安倍晋三元総理が凶弾を受けて他界されました。その悪夢のような事件から令和六年（二〇二四）七月八日、三回忌を迎えました。

安倍晋三元総理の御命日には、奈良市の事件現場や留魂碑にお参りくださる方が多くおられました。増上寺でいとなまれた安倍晋三元総理の三回忌法要は、総理と総理経験者以外の国会議員は参列不可ということでしたので、昭恵夫人にお願いして、御自宅のお仏壇にお参りをさせていただきました。

私がうかがう直前にお参りされた方が保管されていて置いていかれたという安倍元総理

が小学校六年生だった時に書かれた日記帳を、昭恵夫人と一緒に拝読しました。

金魚が〝金漁〟になっていたり、料理が〝料利〟になっていたり、可愛らしい誤字が幾つかあり、昭恵夫人とともに笑い転げながら、泣きました。

小学生の日記なのに、蔣介石《しょうかいせき》について……と明確な意見が書いてあったり、御父上の選挙に関する記述があったり……。芯の強さを感じるとともに、御両親が選挙区入りして不在がちの淋しさに耐えていた子供時代の姿がうかがえるものでした。

なぜ、あの日、私は安倍元総理の奈良県入りに強く反対できなかったのか……。選挙応援では最後までけっして手を抜かずに身を削って全力投球をなさる安倍元総理ですから、私が何か言っても予定を再変更されることはなかったのでしょうが、事件後、長く苦しみました。

憔悴《しょうすい》し切った私は不眠症になりました。体は疲れ切っているのにベッドに横になっても朝まで眠れない日が続きました。その後、睡眠導入剤を服用して眠れるようになりましたが、たびたび、かなりリアルな設定で安倍元総理が夢に出て来られるようになりました。

私たちは笑いながら話をしており、私が「ああ、良かった。総理はご無事だったんですね」と声をかけると目が覚めます。真っ暗なベッドのうえで「やはり、亡くなったんだ」という現実に引き戻されて泣き続け、時計を見るとわずかな時間しか眠っていません。そんな夜が何度もありました。

御遺族の皆様の想像を絶する苦しみや深い悲しみを思いますと、一人の同僚議員に過ぎない私の弱さが情けなく申し訳ない限りですが、両親が他界したときよりも辛かったのは不思議なことでした。

安倍元総理とは、互いに「若手議員」と呼ばれていた頃から、長年、一緒に政策を考えたり、党幹部と闘ったり、たくさんの大喧嘩をしたり……ひと言では表現できませんが、政治家としての私にとって、かけがえのない存在だったのは確かです。

死に目にも会えず、親孝行もできず苦労ばかりかけたことを詫びたい大好きな両親は滅多に夢に出て来てはくれませんが、安倍元総理は今年もときどき絶妙のタイミングで夢に登場しています。

「日本」の創生に向けて働き続ける意思を

きまり悪そうにしながらも……

安倍元総理との思い出として次のエピソードがあります。

令和六年（二〇二四）五月初旬頃から、G7サミットを前に「解散風」が吹き始めている旨が報道されるようになりました。サミットが成功裏に終了して以降、六月に入ってからも国会内で会う若手議員からは「解散があるのかないのか、大臣なら分かるんじゃないですか」と問われることが多くなりました。「絶対に分かるわけないよ」と答えるしかありません。

そう答える理由は、安倍元総理にありました。

平成二十六年（二〇一四）十二月に衆議院選挙が執行されましたが、当時の私は、総務大臣でした。総務省には「選挙部」があります。仮に衆議院解散ともなると、選挙部長をはじめ選挙部の職員たちは、全国の選挙管理委員会とのやり取り等、大変な業務量になります。少しでも早く解散の有無を知って密《ひそ》かに必要な準備に着手しておきたいのが、選挙部長の立場でしょう。

私は官邸に出向き、安倍総理にストレートに尋ねました。「選挙部の業務の段取りもあります。絶対に選挙部限りで内密にしますので、解散を考えておられるのなら、ご教示ください」。安倍総理は、「解散はしないよ」と即答。

能天気な私は、選挙部長に「解散はないようです」と伝え、自分自身の選挙準備もまったくせずに、大臣としての職務に没頭していました。

翌週、たまたま総理室近くの別の部屋に用事があった私は、アポイントメント（面会や会合の約束）も取らずに急に総理室に立ち寄りました。近くまで来たので軽く挨拶をしようと思っただけです。「総理は、今は来客中ではないですよね？」と秘書官に声をかけ、あわてて止めようとする秘書官を無視して、ノックをして総理の個室に入りました。

「ええっ、高市さんと約束あったっけ」と焦りながら安倍総理がペン入れしていた手元の紙を隠そうとしました。素早く駆け寄り、総理がペン入れしていた紙を取り上げると、なんと、『自由民主／号外／山口4区特集号』でした。

『自由民主』は自民党の政党紙ですから、選挙の公示日前日までは各選挙区選出の政治家の活動や党の政策を紹介する記事を掲載して配布することができます。

「総理……。選挙部を擁する総務大臣まで騙して、ご自分の選挙準備だけはコソコソ進めておられたわけですねっ」と怒る私に、きまり悪そうにしながらも「解散というのは、そういうものだからね」と安倍総理。比較的親しい政治家にも解散の話は絶対にしないのが総理大臣というものだと学ばせていただいた一件でした。

「自虐史観」への挑戦

また、古い話になりますが、平成九年（一九九七）二月二十七日、自民党の衆参両院八十九名の国会議員が参加して、「日本の前途と歴史教育を考える若手議員の会」が発足しました。

発足当時は、私も当選二期目で三十五歳でしたから、「若手議員」として参加しました。

会長は故・中川昭一議員、幹事長は衛藤晟一《えとうせいいち》議員、私は幹事長代理を務めさせていただきました。この会の事務局長が、安倍晋三議員でした。

平成九年（一九九七）春から採用された中学校用歴史教科書の記述には「従軍慰安婦強制連行」等、事実に基づかない反日的な内容が多く、日本の歴史の影の部分をことさらに強調して、日本が誇るべき歴史上の人物の功績等は省いてあるという代物でした。

たとえば、「従軍慰安婦」というのは不正確な日本語です。「従軍」とは、「従軍看護婦」や「従軍記者」等、軍属に付ける言葉ですから、「従軍慰安婦」等という言葉は戦争当時に存在しなかった（戦後の造語）ということが定説になっていますし、政府答弁でも同様でした。

これらの教科書を読んだ子供たちが感想を求められたら「日本は酷《ひど》い国で、日本人は最低の民族です」と答えるしかないでしょう。

「このような教科書で学ぶ子供たちが担う次代の日本は大丈夫か」「日本国民のための日本の教科書はどうあるべきか」という問題意識を胸に、毎回、長時間の議論を重ね、同年十二月には『歴史教科書への疑問』（展転社）という書籍も出版しました。

文部省（当時）の審議官・教科書課長、教科書会社の社長、中学校の社会科教諭、有識者の先生方からヒアリングを行い、なぜ、自虐史観に満ちた教科書が検定を通り、教育現場で採択されてしまうのか、次々に原因を究明していきました。

歴史教科書は、採択現場を仕切る某教職員団体の影響から、自虐的で左翼思想に近い内容にするほど、よく売れるということでした。教科書会社も「売れてナンボ」ですから、自虐史観で書いてくれる作者を重用してきたということでした。

思い返しますと、この会での活動が、安倍元総理と私が、互いに「国家観」を共有していることを確認し合い、自民党の重鎮議員から批判やお叱りを受けても「行動する」という共通項を見出した契機でした。

安倍事務局長は、国会の委員会質問で当時の文部省を問い詰めました。

平成九年（一九九七）六月十三日の会合における安倍事務局長のご発言を紹介します。

「文部省の答弁としては、自分たちは不本意だということをにじませながら、『しかし、これは河野官房長官談話でやったから、そこまで認定せざるを得ない』という説明なんですね」

「私は国会で『官房長官談話が変われば変わるんですか』と質問したら、『そうなれば当然（検定）基準が変わります』と」

そして、私は、平成九年（一九九七）十月六日、与党議員としては異例の質問主意書を、衆議院議長を通して、内閣に対し提出しました。『「慰安婦」問題の教科書掲載に関する質問主意書』です。

文部省の『教科書検定基準』では、「図書の内容に、特定の事柄を特別に強調し過ぎていたり、一面的な見解を十分な配慮なく取り上げていたりするところはないこと」「未確定な時事的事象について断定的に記述しているところはないこと」としており、「慰安婦」に関する記述は、検定基準に整合していないのではないかと問うものでした。

普通は質問主意書の提出から一週間以内で答弁書が衆議院議長に戻るはずが、十八日間も待たされ、十月二十四日に閣議決定された答弁書は「検定は審議結果に基づいて適切に行われた」「従軍慰安婦という用語は辞書にも収録される等、広く社会一般に用いられている」等、私たちを大いに落胆させる内容でした。

数年後、私たちは、検定済みだった高校用の歴史教科書も読み込みましたが、「現職総理の靖國神社参拝や国旗・国歌法の制定等は、復古的ナショナリズムのあらわれといえよう」と書いてある教科書もありました。『国旗・国歌法』は、国会で大半の議員が賛成して成立した法律ですから、批判的な記述は問題です。

その後も、中川昭一会長の他界等、悲しみを乗り越えながら、長年にわたって安倍議員や同志議員とともに活動を続け、「従軍慰安婦強制連行」といった文言は教科書から姿を消していきました。

総理大臣に就任した安倍議員は「戦後レジームからの脱却」を唱え、再登板後には、未来を見据えた新しい歴史見解も発表しました。

ところが、安倍内閣が退陣すると、再び反日的内容の教科書が登場し、今後の対策について相談していた最中の他界でした。

決意を新たにして

安倍総理の体調不良で、突然第一次安倍内閣が終わり、福田内閣、麻生内閣を経て、平成二十一年（二〇〇九）八月の衆議院選挙では民主党が政権を取り、自民党は下野しました。

翌平成二十二年（二〇一〇）二月五日、同志議員とともに、すでに体調が回復しておられた安倍議員を会長に据えて「創生『日本』」という派閥横断型のグループを発足させました。

私は、副会長でしたが、同じく副会長には古屋圭司議員、下村博文議員、菅義偉《すがよしひで》議員、世耕弘成議員、幹事長には衛藤晟一議員、副幹事長には新藤義孝議員、西村康稔議員、江藤拓議員、山谷えり子議員、有村治子議員、事務局長には加藤勝信議員……と、のちに第二次安倍内閣を実現するために奔走《ほんそう》した面々が名を連ねました。

同日付で発表した「基本理念」の一部をご紹介します。

「われわれは、戦後ただの一度も憲法を改正できず、自分の国を自分で守ることも、誇りある歴史と伝統を学校教育を通じて次代の子供たちに伝えることも、公務員制度を含む行政改革等も、十分になしえてこなかった責任を強く自覚せざるを得ない。誇りある独立国家として復活するためには、このような『戦後レジーム』からの脱却を何としても成し遂げなければならない。それは同時に、国民ひとりひとりが、真・保守主義の根本理念の下で、皇室を戴き、歴史と伝統を有する我が国に対して自信と誇りを取り戻し、経済社会の発展を図り、平和で豊かな世界を目指し、夢と希望と誇りを持てる日本を築いていくことでもある」

その後、「創生『日本』」は講師を招いて勉強会を重ね、平成二十三年（二〇一一）七月十九日に政策発表会を行い、平成二十四年（二〇一二）末の衆議院選挙で政権を奪還して第二次安倍内閣の発足を実現するまでに、ベースとなる政策について、会員間で共有していきました。

安倍元総理がやり残した仕事は、「憲法改正」であり、「自分の国を自分で守る防衛力の強化」であり、コロナ禍で頓挫《とんざ》したアベノミクスによる「力強い経済成長」です。

そしてアベノミクス以外にも、持病に苦しみながらも歯を食い縛って働き続け、『教育基本法』の改正、『イノベーション25』の策定、国家安全保障会議や国家安全保障局の設置、『特定秘密保護法』や平和安全法制の整備、堂々たる日本外交の展開等、遺してくださったものは偉大です。

同志議員の力を再結集し、ともに私たちが目指してきた「日本」の創生に向けて働き続けることが、安倍元総理への唯一の恩返しになることだと、決意を新たにしています。

そのために本書を安倍元総理に捧げる思いで執筆いたしました。次世代の日本を築くために、必要な政策の数々を訴えてきました。次章からご一読いただけましたら幸いです。

第1章

経済安全保障担当大臣として

国家の存続と国民の安全確保以上に優先するものがあるのか

米商務省が発表したブラック企業一覧

伝統的な安全保障の世界では、外交や防衛という手段が基本でしたが、技術革新により安全保障の裾野が経済や技術の領域にまで拡大しています。国民の皆様の安全と国家の繁栄を確保するためには、経済・技術を、外交・防衛と並ぶ安全保障を確保する手段として認識することが必要になっています。

各国とも、産業基盤強化の支援、機微技術の流出防止や輸出管理の強化等、「経済安全保障」の関連施策を推進・強化しています。

中国は、平成二十七年（二〇一五）に「軍民融合」を『国家戦略』に格上げし、民間資源の軍事利用や、軍事技術の民間転用等を推進しています。令和二年（二〇二〇）には、国の安全と利益の擁護、拡散防止等の国際義務にかかわるモノ、技術、サービス、データ等の輸出管理を強化しました。

米国では、超党派で中国に対抗するための法律を制定する機運が高まっています。とくに半導体については、欠くことができない戦略物資として重視され、令和四年（二〇二二）八月九日には、半導体産業と科学技術分野を支援する『CHIPS《チップス》及び科学法』が成立しました。中国との技術競争を念頭に、米国の競争力強化を目指して総額約二千八百億ドルを措置する法律で、「半導体インセンティブ制度（CHIPS）」に充当する予算として、五年間で五百二十七億ドルが、半導体の国内製造に提供されます。

しかも最近は、国家安全保障のみならず経済安全保障や人権問題に関しても米中対立が激化しています。そうした中で、米国や中国の企業と取引をしておられる日本企業の負担がますます重くなっていることが心配でなりません。

というのも、米国では『国防授権法』（NDAA）、『輸出管理改革法』（ECRA）、『外国投資リスク審査現代化法』（FIRRMA）等が制定され、輸出管理や対内直接投資管理が強化されました。

近年は、多くの中国企業が米国の「エンティティリスト」に追加されています。「エンティティリスト」とは、米国の商務省が「国家安全保障や外交政策上の懸念があるとして指定した企業」を列挙したリストのことです。

ここに掲載された企業に対して、規制対象となる物品やソフトウェア、技術を輸出するには商務省の許可が必要ですが、申請は、原則「不許可」とされます。

過去には、主に米国が「制裁」を科した中東諸国等の企業が掲載されていましたが、近年はサイバー攻撃等、「技術的安全性」への懸念からか、ファーウェイ等、中国の通信や半導体関連企業の追加が目立っていました。

さらに、令和二年（二〇二〇）六月には新疆《しんきょう》の五つの企業・団体が追加され、同リストの拡大は「人権問題」にも及んでいると思われます。この時は日本の大手アパレル・ファッション・メーカーの名前もあがりました。

このリストに基づく規制は「米国以外の企業」にも適用され、米国企業の部品やソフトが一定割合以上含まれれば、「日本製品」も規制の対象です。これに違反した場合、米国企業との取引禁止等の「罰則」や「罰金」が科されることになります。

つまり、米国の『輸出管理改革法』を根拠法とする商務省・産業安全保障局の『輸出管理規則』（ＥＡＲ）は「物品の輸出」や「技術の外国への提供」を規制対象としていますが、ここには「日本からの再輸出」も含まれる可能性があるのです。

たとえば、「一度米国から日本に輸出された物品や技術を、日本から中国に再輸出する場合」や「米国原産の部品を組み込んで日本で製造した製品や、米国原産の技術を用いて日本で製造した製品を、日本から中国に輸出する場合」に、米国製部材の組込み比率や品目等、一定の条件を満たせば、日本企業も規制を受けます。

そうなると、日本企業は日本の『外為法』（外国為替及び外国貿易法）に基づく輸出審査を受けるだけではなく、同時に米国の『輸出管理規則』にも対応しなくてはなりません。

さらに困ったことに、令和二年（二〇二〇）一月九日に施行された中国の『外国の法律及び措置の不当な域外適用を阻止する規則』への留意も必要になってしまいました。

第三国の法人との正常な経済・貿易について、外国の法律及び措置が域外適用されることにより、不当に禁止又は制限を受けた場合、中国公民及び組織は人民法院を通して、第三国の主体に対して「損害賠償請求」ができるというものです。

ここで言う「第三国」を日本に、「外国」を米国に置き換えて読むと、分かりやすくなります。つまり、日本企業が「米国法」の「再輸出規制」に従って特定の中国企業に製品を供給しなかった場合には、日本企業が中国からの「損害賠償請求」を受ける可能性が生じるということです。

米国の法制度と中国の法制度の板挟みになりかねない日本企業を、どのような方法で救済できるのか、とても困難な課題です。中国の『外国の法律及び措置の不当な域外適用を阻止する規則』にある「外国（たとえば米国）の法律」ではなく、「日本の法律」で安全保障上の懸念がある企業の指定を行うほかないのではないかという問題意識を持っていますが、現在の日本政府の方針は「特定の国や企業を名差ししない」ということになっています。

世界的に「経済安全保障」を重視

近年は、世界的に「経済安全保障」が重視されています。

令和三年（二〇二一）十月一日に自民党政調会長、同月十一日に自民党経済安全保障対策本部長に就任しました。令和三年（二〇二一）十月三十一日には、自民党『政権公約』に「経済安全保障推進法（仮称）を策定します」と明記して戦った衆議院選挙の投票が行われ、自民党は勝利しました。

また、前回の自民党総裁選に立候補する直前の令和三年（二〇二一）九月に刊行した『美しく、強く、成長する国へ。私の「日本経済強靱化計画」』（ワック、以下『美しく、強く、成長する国へ。』）でも章を立てて力説しました。その後、政調会長、経済安全保障対策本部長として、その実現にかかわり、令和四年（二〇二二）五月十一日には『経済施策を一体的に講ずることによる安全保障の確保の推進に関する法律』（以下『推進法』という）が成立しました。その三カ月後の八月十日、経済安全保障担当大臣を拝命し、そこから一年九カ月にわたり、推進法を実施に移す作業に担当大臣として携わりました。大臣就任後も講演等の機会に話してはいたのですが、国民の皆様に対する説明や周知が不十分だったことが分かり、反省しました。

政府与党が「経済安全保障」の重要性を認識し、令和四年（二〇二二）五月に『経済安全保障推進法』を成立させるに至った背景と現状の対応について、改めて書かせていただきます。

令和二年（二〇二〇）一月に新型コロナウイルス感染症が国内で確認された直後は、マスクや消毒液、医療用ガウン、人工呼吸器、注射器等が不足し、私たちはサプライチェーンの脆弱《ぜいじゃく》性に愕然《がくぜん》としました。世界的な半導体不足も課題となりました。

経済効率性重視により国際分業化が推進された結果、サプライチェーンの多様化・複雑化が進み、重要な物資の他国への依存、それに伴う供給途絶リスクが高まっています。各国とも、危機に直面すれば自国民向けの物資確保を優先するからです。

当初、私が構想していた『経済安全保障包括法』は、複数の法律を改正することを念頭に置いたものでしたが、『推進法』は既存の法律の改正は基本的に行わず、当時喫緊の課題とされていた「四つの項目」を制度化することになりました。

四つの項目とは、

①特定重要物資の安定的な供給の確保に関する制度（令和四年〈二〇二二〉八月一日に法施行され、同年九月三十日に『基本指針』を閣議決定）

②特定社会基盤役務の安定的な提供の確保に関する制度（令和五年〈二〇二三〉十一月に法を施行し、令和六年〈二〇二四〉五月十七日から制度運用）

③特定重要技術の開発支援に関する制度（令和六年〈二〇二四〉五月十七日から運用が開始）

④特許出願の非公開に関する制度（令和六年〈二〇二四〉五月一日から運用が開始）

次項から具体的にそれぞれ見ていきましょう。

「四つの項目」の制度化を推進

『包括法』とはならなかったものの、これらによって、令和三年（二〇二一）九月に上梓した『美しく、強く、成長する国へ。』（ワック）や、私の公式サイトで掲載している「政策」「コラム」「公約」で、かねて訴えてきた内容が相当実現したと受け止めています。

日本の法律では、民間企業に対して、特定の製品を作ることや国内で生産することを強制するような対応はできない。

しかし、私は、大規模災害や感染症の発生など緊急時でも「生活・医療・産業に必要な物資」の国内生産・調達を可能にする施策を確立することが必要だと考える。

具体的には、「生産協力企業への国費支援策の具体化」「研究開発拠点・生産拠点の国内回帰を促す税財政支援策の構築」「基礎的原材料の確保」「医薬品の研究開発への大規模投資」などに早急に着手するべきだ。

（『美しく、強く、成長する国へ。』37頁より）

「危機管理投資」で安全で強靭《きょうじん》な国を創る。

大規模災害や感染症の発生など緊急時にも、「生活・医療・衛生・産業に必要な物資」を国内で生産・調達することを可能にするために、生産協力企業への設備投資支援、研究開発・生産拠点の国内回帰を促す税財政支援、基礎的原材料の確保に取り組みます。

（「高市早苗　コラム」令和三年〈二〇二一〉九月二十五日）

『推進法』に盛り込んだ①「特定重要物資の安定的な供給の確保に関する制度」は、供給途絶時に我が国に甚大な影響を及ぼし得る重要な物資について、安定供給確保の取組を進める枠組みです。

供給途絶等の事態が生じてから事後的に対応するのではなく、平時から、国内生産基盤の整備、供給源の多様化、代替物資の開発等の安定供給確保の取組を講じ、我が国のサプライチェーンを強靭化します。

民間事業者の皆様の自発的な取組を支援していく制度ですが、「危機管理投資」を前に進める上で非常に重要な枠組みです。

国がその使命を果たす上で必要なことは、トップが先見性をもって「リスクの最小化」と「全世代の安心感創出」に必要な法制度整備を断行することである。また、それとともに、大胆な「危機管理投資」と「成長投資」を行うことである。

「危機管理投資」とは、自然災害や疾病、サイバー攻撃や機微技術流出を含む経済安全保障上の課題、テロ、国防上の脅威など様々な「リスクの最小化」に資する研究開発の強化、人材育成、安全と安心を担保できる製品・サービスの開発や社会実装、重要物資の調達などに資する財政出動や税制措置を行うことだ。

（『美しく、強く、成長する国へ。』28頁より）

「経済安全保障の強化」で安全な暮らしと技術を守る。

海外送信元から日本へのサイバー攻撃が激増する中で（中略）、皆様の生命や金融資産や個人情報を守り抜くために、特に「航空」「鉄道」「自動車」「医療」「電力」「ガス」「水道」「金融」「クレジット」などの分野におけるサイバー防御体制の樹立と高度化を急ぎます。

（「高市早苗の政策」）

『推進法』に盛り込んだ②「特定社会基盤役務の安定的な提供の確保に関する制度」は、「電気」「ガス」「石油」「水道」「鉄道」「貨物自動車運送」「外航貨物」「航空」「空港」「電気通信」「放送」「郵便」「金融」「クレジットカード」という十四分野（令和六年〈二〇二四〉通常国会の法改正で追加した「一般港湾運送事業」を含めれば十五分野）の事業において、あらかじめ国が指定する事業者が提供するサービスの安定供給のために重要な設備について、一定の要件を満たすものを導入等する場合には、国が事前に審査するものです。

このような重要な設備に不正な機能を埋め込む等による外部からの妨害行為に未然に対処するため、国が事前に審査し、外部からの妨害手段として使用されるおそれが大きいと認める場合には、事業者に対して必要な措置を講ずるよう勧告、さらには一定の要件の下で命令することができるようになりました。国民生活や経済活動の基盤となっているサービスを安定的に享受できるようにするための重要な一角をなすものです。

『経済安全保障包括法』には、研究者や社員に対する「秘密保全義務」と「罰則」も規定する。

（中略）

日本の安全保障に資する研究について、長期に多額の研究開発支援を行える制度も、法律に明記する。

（『美しく、強く、成長する国へ。』110～111頁より）

「成長投資」と「人材力の強化」で確かな未来を拓く。

（「高市早苗　コラム」令和三年〈二〇二一〉九月二十五日）

『推進法』に盛り込んだ③「特定重要技術の開発支援に関する制度」は、中長期的に我が国が国際社会において確固たる地位を確保し続ける上で不可欠な要素となる先端的な重要技術について、国が資金面で支援を行いながら、産学官の連携によって、研究開発とその成果の社会実装に取組む枠組みです。

研究開発プロジェクト参加者間のパートナーシップを確立し、機微な情報も含めて有用な情報の交換や協議を行うための「協議会」を組織する枠組みを設け、同時に参加者には「守秘義務」を負っていただくことになっています。

この制度による研究開発の促進は、「危機管理投資」「成長投資」のいずれにもつながるものです。

『経済安全保障包括法』は、包括法なので複数の法律を改正できる。特許制度の見直しも可能だ。現状では、日本の先端技術・機微技術は全て公開されてしまい、中国人民解放軍や北朝鮮軍に悪用される可能性が高い。軍事転用可能な技術を指定し、非公開にする「秘密特許」を可能にしたい。

（『美しく、強く、成長する国へ。』111頁より）

『推進法』に盛り込んだ④「特許出願の非公開に関する制度」は、一定期間が経過すれば公開される我が国の特許手続に例外を設け、「公にすることにより国家及び国民の安全を損なう事態を生ずるおそれが大きい発明」が記載されている特許出願については、公開等の手続を留保して必要な情報保全措置を講ずることとするものです。

我が国の特許制度では、特許出願の日から一年六カ月経過すると、その発明が国の手で公開されますが、安全保障の機微性が極めて高い技術の発明のうち、一定の要件を満たすものについては、国が審査を行った上で「保全指定」をして、非公開にすることができるようになりました。

「秘密特許」とは異なりますが、機微な技術の流出を防止するとともに、これまで安全保障上の観点から特許出願を諦めざるを得なかった発明者にも、特許出願人として先願の地位を確保できるようにして『特許法』に基づく権利を受ける途を拓くものです。

サプライチェーンを強靭化するために

「特定重要物資」を指定

令和四年（二〇二二）九月に、各省庁にお願いをして「サプライチェーン調査」を実施していただきました。つまり、供給途絶の蓋然《がいぜん》性が高い物資や、今は日本国内でつくっているけれども十分な生産能力を持っていないために国内の需要を満たしていない物資等です。また、中国等による活発な企業買収によって他国企業の競争力が高くなり、日本企業の世界市場でのシェアが落ちていくことで、将来の事業継続性に問題が出てきそうな分野もあります。

半導体分野では、今後、「設計・製造」はもとより、「設計支援」（回路設計図・電子設計自動化支援ツール）、「製造装置」（成膜・エッチング・露光・塗布・現像・洗浄）、「素材」（シリコンウエハ・レジスト）についても、強いプレイヤーを育成する為の支援を行うことが、「危機管理投資」にも「成長投資」にもなると思う。

（『美しく、強く、成長する国へ。』75頁より）

半導体（中略）などの分野につき、技術成果の有効活用、人材育成、国際競争力の強化に向けた戦略的支援を行います。

（「高市早苗　コラム」令和三年〈二〇二一〉九月二十五日）

『経済安全保障推進法』における「サプライチェーン強靭化」の制度においては、令和四年（二〇二二）十二月、「特定重要物資」として、「半導体」を含む十一物資（令和六年〈二〇二四〉現在は十二物資）を『政令』（閣議決定が必要）で指定しました。各物資の所管大臣に御尽力をいただきながら、安定供給確保の取組（代替物資の開発、生産拡大、調達先の多角化、備蓄等）に御協力をいただける事業者に後記する各種の支援を続けてきました。

少しだけおさらいをすると、「特定重要物資」は、各省庁にサプライチェーン調査をしていただいた上で、次の四要件を満たす、特に安定供給確保を図るべき重要な物資に絞り込んで指定をしています。

①国民の生存に必要不可欠、又は、広く国民生活や経済活動が依拠
②外部に過度に依存、又は、外部に過度に依存するおそれ
③外部から行われる行為による供給途絶の蓋然性
④本制度による措置の必要性（例えば『食糧法』等他制度で既に措置が講じられている物資は除く）

前記しました令和四年（二〇二二）十二月に指定した十一物資は、「抗菌性物質製剤」「肥料」「永久磁石」「重要鉱物」「半導体」「蓄電池」「クラウドプログラム」「可燃性天然ガス」「工作機械・産業用ロボット」「船舶の部品」「航空機の部品」でした。

すでに、これらの物資については、令和六年（二〇二四）八月三十日までに事業者が提出した『供給確保計画』九十一件が物資所管大臣によって認定され、安定供給確保に向けたさまざまな取組がスタートしています。

また、令和五年（二〇二三）一月十九日に物資所管大臣である経済産業大臣が『半導体に係る安定供給確保を図るための取組方針』を策定・公表しました（令和六年〈二〇二四〉三月二十九日に改定）。また、安定供給確保支援業務を行う法人としてＮＥＤＯ（国立研究開発法人新エネルギー・産業技術総合開発機構）を選定しました。

供給確保計画の認定の対象とする取組は、半導体素子及び集積回路又はその生産に必要な原材料、部品、設備、機器、装置又はプログラム等のうち、①従来型半導体、②半導体製造装置等、③半導体部素材等及び④半導体原料について、供給基盤の整備・強化を目的としたものであり、民間だけでは実現が困難な、

・大規模な投資を必要とする計画

又は、

・供給途絶の蓋然性が特に高く投資の緊要性が極めて高い計画

に対して支援を行うこととしています。所管大臣から認定を受けた「認定供給確保事業者」は、助成や利子補給やツーステップローン等の支援を受けることができます。

予算については、令和四年（二〇二二）度補正予算で三千六百八十六億円、令和五年（二〇二三）度補正予算で四千三百七十六億円を確保。これまで、十八件の計画を認定しており、

それらに対する最大助成額は、合計約三千三百六十九億円となっています。

計画に基づく事業により、マイコン（電気機器を制御するための電子部品）、パッケージ基板、次世代パッケージ基板、S i C（シリコンカーバイド）パワー半導体、S i（シリコン）パワー半導体の生産能力を高めるほか、i線（スペクトル線）及びK r F（クリプトン・フッ素）線露光装置や、パワー半導体の革新部素材として需要拡大が見込まれるS i CウエハとS i Cエピウエハ、３００㎜シリコンウエハ等の国内生産基盤の整備が進んでいきます。

さらに、ネオン、クリプトン、キセノン、高純度リン酸の生産基盤の増強、黄リンのリサイクル技術の確立と黄リンの製造工場の整備、ヘリウムの回収・再利用・備蓄体制の整備も進んでいく見込みです。

経済産業省所管では「半導体（原料を含む）」十八件、「蓄電池」十五件、「永久磁石」四件、「可燃性天然ガス」一件、「重要鉱物」二件、「クラウドプログラム」十一件、「工作機械・産業用ロボット」五件が、国土交通省所管では「船舶の部品」十一件、「航空機の部品」十二件が、農林水産省所管では「肥料」十件が、厚生労働省所管では「抗菌性物質製剤」二件が、認定されました。合計九十一件が動き始めています。

命にかかわる物資として指定をしたのが「抗菌性物質製剤」です。β《ベータ》ラクタム系抗菌薬は注射用に使われるものですが、原材料のほぼ一〇〇％を中国に依存していました。過去に原薬の供給途絶が起きたことがあり、手術を延期する事態になりました。供給正常化までには、約一年を要しました。今後、母核も含めて原材料から国内でつくる、研究開発もする、日本に製造ラインもつくるといった取組を行います。

「半導体」は、海外依存度が七九％でした。昔は、日本は半導体に強いというイメージがありました。種別に見ると強い分野ではあるのですが、より高度な、これから絶対に必要になってくる半導体もあります。エアコン、自動車、鉄道、情報通信機器等、私たちに身近な分野で使われますので、できるだけ国内調達をしていくべきだということで指定をしました。

「蓄電池」も、ＥＶ（電動車）、５Ｇ基地局、再生可能エネルギー利用にも必要な物資です。しかし、車載用蓄電池は、海外依存度が六三％でした。定置用蓄電池（住宅や商業施設、病院、工場等に設置される蓄電池）は、海外依存度が六八％でした。日本は電池セルや部素材の技術では競争力を持っているのですが、シェアが大幅に低下してきていますので指定をしました。

「クラウドプログラム」の海外依存度は、約七割でした。国内で私たちの重要なデータを自立的に管理する、国内に事業基盤を有する事業者が基盤クラウドサービスを提供するということが死活的に重要になっていると考えます。しっかりと日本で開発・普及をしていこうということで、指定をしました。

「重要鉱物」に関しては、レアアースの輸入で見ますと、中国が六〇%、ベトナムが一六%でした。バッテリーメタルの輸入で見ますと、黒鉛は中国が九六%、リチウムは中国が五五%でした。特定国への依存度が高すぎます。レアアースについては、南鳥島のEEZ（排他的経済水域）に眠る数百年分とも言われるレアアース泥の引き揚げと製錬によって国内調達を目指したいと考え、別途、科学技術予算で対応しています。

レアメタルについては、調達先を増やすほか、リサイクルも進めます。ちなみに、日本企業は、レアメタルのリサイクルに使える有望な技術を保有しています。

サプライチェーン強靭化が最優先課題

実際にサプライチェーンの強靭化に向けた取組は、令和四年（二〇二二）十二月の「特定重要物資」の指定以降、令和五年（二〇二三）から本格的に動き始めましたが、私の大臣としての問題意識は「本当にこの十一物資だけで十分なのか」「サプライチェーン調査において、あらゆるリスク要因を想定しているのだろうか」ということでした。

そこで、令和五年（二〇二三）二月、各省庁の局長級が集まる会議で、私から「再度、サプライチェーン調査を実施してください」というお願いをいたしました。

現在の十一物資以外にも、私たちの生存・生活・経済活動にかかわる物資で供給途絶の可能性がある物資があるのならば、必要な予算を措置して取組を始めなければなりません。「サプライチェーン調査」そのものについても、全てのリスク要因を把握しているのかどうかという観点で再チェックをしていただきました。

例えば「世界的に需要が急に高まって、調達困難になる危険性はないのか」「製造者がサイバー攻撃を受けた場合に、調達できなくなる可能性はないのか」「供給網の中に人権問題が存在して、調達困難になることはないのか」「海外で労働争議が起きた時に、調達できなくなることはないのか」「経済的威圧によって、調達できなくなる可能性はないのか」「環境問題に取組んでいないというレピュテーション（環境問題等を起因とした世論圧力等による操業停止、不買運動等）によって、事業者が十分な供給をできなくなるということはないのか」「国外の法制度・ルール変更」等……。

この再点検では、半導体原料のEUの規制、米国のEV規制による影響、インドネシアにおけるニッケル鉱石の輸出停止等、喫緊で生じていた新たなリスクのほか、すでに『経済安全保障推進法』で焦点を当てた「国外からの供給途絶」のみならず、「国内における自然災害や事故」といった供給リスクについても点検・評価をしたことが特徴でした。

それぞれの「特定重要物資」について、さまざまなリスクシナリオを点検・評価した上で、対応策も考案しました。しっかりと取組を進めてまいります。

この他、自然災害の発生、感染症の蔓延、国際紛争の影響、シーレーンが使えなくなる事態等も含め、あらゆるリスクを想定しながら、今後とも、皆で力を合わせて日本のサプライチェーンの強靭化に努めてまいります。

さらに「追加指定」でより強力に

また、令和六年（二〇二四）一月三十日には、新たに「先端電子部品」を「特定重要物資」に追加するほか、すでに「特定重要物資」に指定している「重要鉱物（レアメタル・レアアース）」に「ウラン」を追加する『政令』を閣議決定しました。

この『政令』の公布日及び施行期日は、二月二日でした。

「先端電子部品」とは、具体的には、コンデンサと高周波フィルタですが、いずれも多くの電子機器に組み込まれ、経済活動や国民生活に不可欠な基幹物資です。

コンデンサは、電圧安定化やノイズ除去に必要で、あらゆる電子機器に組み込まれています。例えばスマートフォンで約千三百個、ＥＶで約一万個を使用します。

データセンター、工作機械・産業用ロボット、防衛装備等に組み込まれるハイエンド品については、日本企業が高い世界シェアを有しています。

しかし、ローエンド品については、日本企業が中国に工場移転を進めた結果、十年間で中国生産の比率が約二倍になりました。

近年は、中国が、大規模な公的支援や外資の誘致・買収、技術獲得に取組んでおり、ローエンド品で世界シェアを伸ばしました。日本は外部依存が高まりつつある状態です。

例えばローエンド品であるフィルムコンデンサの世界市場におけるシェアを見ると、中国が七五％、日本が一〇％になっています。

高周波フィルタは、特定周波数を抽出するため、通信機能を有するあらゆる電子機器に組み込まれています。

通信インフラ、データセンター、防衛装備等に組み込まれるハイエンド品については、日本企業が優位性を有しています。

しかし、ローエンド品については、外資の買収等により、中国企業が世界シェアを伸ばしつつあります。

コンデンサも高周波フィルタも同じですが、破格の条件による企業誘致や人材の引き抜きといった中国の取組によって、ハイエンド品についても中国への工場進出や技術流出が発生し、将来的に優位性を失い、外部依存が進むおそれがあります。

今後は、先端電子部品や部素材について、研究開発を行うとともに、製造能力の強化を図り、生産効率の向上やハイエンド品を超える性能を有する電子部品を日本国内で量産できるようにしなければなりません。

また、国境を越える技術移転への対策も講じなくてはなりません。

事業者による『供給確保計画』を物資所管大臣が認定する時に、重要技術へのアクセス管理体制、取引先企業との秘密保持契約、外国への技術移転への対策等について、確認する等の方法があります。

財務省を中心に各省が所管する『外為法』の厳格な運用や、その対象の不断の見直しも必要だと感じます。

「重要鉱物」には「ウラン」を追加しましたが、ウラン鉱は、製錬、転換、濃縮、再転換、燃料加工を経て、発電燃料に用いられる鉱物です。

我が国は、民生用途で必要となる濃縮ウランについて、令和四年（二〇二二）末時点では、濃縮役務の一〇〇％を外部依存していました。

ウランの濃縮役務については、同年末時点の世界シェアを見ると、ロシア企業が三八％、中国企業が一四％、英国・ドイツ・オランダ・米国の多国籍企業が三〇％、フランス企業が一五％、米国企業が三％でした。

四割近くをロシアが担っていますが、ウクライナ情勢の長期化により、ロシアからの調達が困難になっています。現状では、濃縮役務の国際的な供給不足が生じ、外部依存リスク・供給途絶が生じるリスクが高まっています。

日本では、令和五年（二〇二三）八月から国内事業者によるウラン濃縮を再開しました。同志国の供給能力の動向等、国内外の情勢も勘案しつつ、設備導入や研究開発支援を通じて、安定的かつ自律的に「国内需要を満たす相当程度」の濃縮ウランを供給することを目指していきます。

このような新たな「特定重要物資」の候補については、まずは物資の所管省庁がサプライチェーン調査の結果を踏まえて、安定供給確保を図るべき重要な物資であるとして有識者会議に提示した上で、賛同のご意見をいただいたものが対象となります。

「先端電子部品」と「ウラン」についても、令和五年（二〇二三）十一月中旬から三十日間のパブリックコメントを経て、最大十四日間の意見考慮期間を設け、必要な手順を踏んだ上で、令和六年（二〇二四）一月三十日の閣議決定に至っています。

引き続き、供給途絶の蓋然性等、懸念がある物資については、不断にチェックをしながら、対応を続けていきます。

産業用ロボット分野と蓄電池への期待

全て順調に見えるロボット分野にも、課題がある。システムインテグレーターの不足だ。

システムインテグレーターは、情報システムの企画、構築、運用などの業務を一括して請け負う情報通信企業だ。米国では、顧客の技術を活用できる新分野の提案も行っており、その数も圧倒的に多いそうだ。日本のシステムインテグレーターは、50人から60人くらいの人員で用途に応じてやっている個人事業主が多いということだ。日本のシステム分野では、完成しないと支払いが得られないので、資金繰りが厳しいと聞く。

その人材育成とともに、出来高払いのような方法に転換するなど、対策を考えるべき課題だ。

（『美しく、強く、成長する国へ。』78～79頁より）

（中略）ロボット（中略）などの分野につき、技術成果の有効活用、人材育成、国際競争力の強化に向けた戦略的支援を行います。

（「高市早苗　コラム」令和三年〈二〇二一〉九月二十五日）

『経済安全保障推進法』における「サプライチェーン強靭化」の制度においては、令和四年（二〇二二）十二月、「特定重要物資」として、「工作機械及び産業用ロボット」を政令で指定しました。

令和五年（二〇二三）一月十九日に物資所管大臣である経済産業大臣が『工作機械及び産

業用ロボットに係る安定供給確保を図るための取組方針』を策定・公表しました（令和六年〈二〇二四〉三月二十六日に改定）。安定供給確保支援業務を行う法人としてＮＥＤＯを選定しました。

供給確保計画の認定の対象とする取組は、工作機械・産業用ロボット向けに活用される基幹的な部素材及びその代替素材のうち、以下の品目に関する国内生産能力強化の取組（工場新設、生産ライン増強等の設備投資を含む）であり、こうした取組に対して支援を行うこととしています。

・ＣＮＣ（コンピュータ数値制御、コントローラー本体や制御装置本体を指し、ロボット向けコントローラーを含む）、サーボ機構（サーボモーター〈指示を出した通りに、位置／速度／回転力〈トルク〉等を正確に実現するモーターのこと〉、サーボアンプ〈サーボモーターの制御の役割を担う装置〉等を指す）、ＣＮＣシステム（ＣＮＣとサーボ機構を一体的に生産するものを指す）、減速機、ＰＬＣ（プログラム可能な制御装置）、ボールねじ（ねじ軸とナット間でボールが転がり運動をするため高い効率が得られる送りねじ）、リニアガイド（レールの方向に滑らかでガタなく運動させるための機械部品）、リニアスケール（直線の位置検出や測長に使用

するセンサ）、鋳物の代替素材（ミネラルキャスト〈鉱石とエポキシ樹脂で結合させた複合素材〉に限る）

予算については、令和四年（二〇二二）度補正予算で四百十六億円、令和五年（二〇二三）度補正予算で七十八億円を確保しました。これまで、五件の計画を認定しており、これらに対する最大の助成額は、合計約三百九十五億円になっています。

計画に基づく事業により、ＣＮＣシステム、サーボ機構、ＰＬＣ、減速機及び基幹部品（ベアリング）の生産設備の増強が進んでいく見込みです。

なお、システムインテグレーターに関する課題については、令和六年（二〇二四）三月、経済産業省がロボットの導入により自動化を実現したい相談企業に対し、「企業支援アドバイザー」が自動化の実現に向けた対応について整理を行い、それをシステムインテグレーターに伝えることで、「相談企業からの対応能力」を上げていくためのツールとして、『中小企業支援機関のためのロボット導入支援の手引き』を発表しました。

「太陽光や風力の可変性を調整する手段としての水素や蓄電池産業への支援強化」も、

実行を急ぐべき「危機管理投資」であり「成長投資」だ。

（『美しく、強く、成長する国へ。』67頁より）

「水素や蓄電池産業への支援強化」を進めます。

（「高市早苗　コラム」令和三年〈二〇二一〉九月二十五日）

『経済安全保障推進法』における「サプライチェーン強靭化」の制度においては、令和四年（二〇二二）十二月、「特定重要物資」として「蓄電池」を政令で指定しました。

令和五年（二〇二三）一月十九日に物資所管大臣である経済産業大臣が『蓄電池に係る安定供給確保を図るための取組方針』を策定・公表しました（令和六年〈二〇二四〉三月二十六日に改定）。安定供給確保支援業務を行う法人としてＮＥＤＯを選定しました。

供給確保計画の認定の対象とする取組は、

①蓄電池〈先端的なリチウムイオン電池であって、車載用蓄電池又は定置用蓄電池〈定置用蓄電システムを含む〉として生産されるもの〉

②蓄電池部素材（先端的なリチウムイオン電池の製造に必要な部素材。リサイクル材料も含む）
③蓄電池製造装置（先端的なリチウムイオン電池の製造に必要な装置）の製造基盤の整備を行うために必要な「生産施設・生産設備の導入」や生産に係る「技術開発」

であり、これらの取組に対して支援を行うこととしています。

予算については、令和四年（二〇二二）度補正予算で三千三百十六億円、令和五年（二〇二三）度補正予算で二千六百五十八億円、令和六年（二〇二四）度予算で二千三百億円を確保しました。これまで、十五件の計画を認定しており、それらに対する最大助成額は、合計約三千百十六億円となっています。

これらの事業により、定置用・車載用蓄電池の開発・量産、次世代車載用電池、バインダー（電極活物質を接着する）、塗工セパレータ、HEV（ハイブリッド自動車）用セパレータ、セルケース、セルカバーの生活基盤の整備と生産技術の導入・開発・改良等が進んでいきます。

また、正極活物資（電池反応で電子を受け取る物質）、人造黒鉛系負極活物資（充電時にリチウムイオンを受け取り、放電時に電子を放出する材料）、正負極集電体、外装材、バインダー材料、導電助剤、電解液添加剤の生産基盤の整備と生産技術の導入・開発・改良も進んでいく見込みです。

第2章

健康・医療・クールジャパン戦略担当大臣として

健康・医療戦略担当大臣の職責を果たす

人生百年時代を見越した政策を実施

令和三年（二〇二三）九月十三日に発足した「第二次岸田第二次改造内閣」から、健康・医療戦略担当大臣も拝命しました。

我が国は、令和二十二年（二〇四〇）には、百歳以上の人口が三十万人以上になる等、世界に先駆けて人生百年時代の到来を迎えることが予想されています。このため、世界最高水準の医療技術・サービスを実現し、健康寿命をさらに伸ばすとともに、健康長寿社会の形成に資する新たな産業活動の創出や海外展開、それから健康を維持するという視点でのヘルスケアの促進がますます重要となっています。

このような観点から、令和二年（二〇二〇）年四月にスタートした第二期の『健康・医療戦略』においては、医療分野の研究開発について、各省の縦割りを排し、基礎から実用化まで切れ目なく一体的に支援するというＡＭＥＤ（国立研究開発法人日本医療研究開発機構）創設の理念を一層強化するため、モダリティを軸とした六つの統合プロジェクトに再編したほか、個々の研究開発について、予防／診断／治療／予後・ＱＯＬ（生活の質）といった開発目的を意識して支援を行っていくこととしました。

医療機器に関しても、統合プロジェクトの一つである「医療機器・ヘルスケアプロジェクト」の下で、ＡＩ・ＩｏＴ技術や計測技術、ロボティクス技術等を融合的に活用し、診断・治療の高度化のための医療機器・システム、医療現場からのニーズが大きい医療機器や、予防・高齢者のＱＯＬ向上に資する研究開発を行っています。

さらに、令和四年（二〇二二）度の補正予算でＡＭＥＤの基金を拡充し、単独のアカデミアや企業では取組みにくい研究開発領域に産学官が共同で取組むための事業について、高い技術と機動力のあるスタートアップ（新設したばかりの急成長する企業）の参画を促すとともに、さらなる連携の支援を行うための仕組を導入しました。

また、今後国が設定する健康・医療分野における先端領域において、日本と海外の優秀な研究者が両国の資金配分機関の合意・協力の下に大型国際共同研究を行い、国際科学トップサークルへの日本人研究者の参入を促進するとともに、両国の優秀な若手研究者の交流・コネクションの強化も図ることで国際頭脳循環を推進するための事業に対して、柔軟に資金配分を行っていくこととしました。

これらの取組により、革新的な医療機器の開発等を支援してまいります。

また、「高市早苗公式サイト」に掲載していますが、新型コロナウイルス感染症対策の強化にも取組みました。

新型コロナウイルス感染症対策の強化に取り組む。

現在は海外生産に依存している治療薬（主に軽症～中等症用）につき、国産体制を整えます。

（「高市早苗　コラム」令和三年〈二〇二一〉九月二十七日）

新型コロナウイルス感染症による健康被害や社会経済活動への影響を最小限にとどめる上で、医療の提供や治療法の確立は不可欠な要素であり、治療薬の早期実用化が期待されてきました。

そうした中、厚生労働省では、医薬品の開発を行う企業を対象に「新型コロナウイルス感染症治療薬の実用化のための支援事業」による治験への支援を行っており、支援対象となった八つの治験薬のうち、四剤（ロナプリーブ、ゼビュディ、エバシェルド、ゾコーバ）が薬事承認を取得し、実用化に至りました。

特に塩野義製薬のゾコーバについては、国内企業が創製した初の新型コロナ飲み薬として、令和四年（二〇二二）十一月二十二日に緊急承認されたものであり、当時、重症化リスクの高い患者を対象としてきた飲み薬と異なり、低リスクの患者でも高熱等の強い症状があれば使用可能な薬として、世界で初めて承認されたものであるということ、また、国内企業が製造、販売するため、多くの患者に安定的に供給をすることができるようになったことから、国民の安心を確保しながらウィズコロナへの移行を進める中で、大きな意義があったと考えます。

また、今後脅威となる感染症に対するワクチン開発については、『ワクチン開発・生産体制強化戦略』に基づき、ＡＭＥＤに先進的研究開発戦略センター（ＳＣＡＲＤＡ）を設置するとともに、世界トップレベルの研究開発拠点の形成の推進、ワクチン製造拠点の整備等の取組を、関係府省で連携して進めています。こうした取組により、産学官の総力を挙げて国産ワクチンの迅速な開発を目指します。ワクチン開発・生産を平時から有事に備えて継続的に進めることは、医療にかかわる経済安全保障の観点からも重要であり、引き続きしっかり取組んでまいります。

女性が活躍できる医療体制の整備を

今後も、多くの方々のお声を伺いながら、「主権者の代表」としての矜持《きょうじ》を持って、「生活者の視点」を大切に、必要な施策を構築していく。

（『美しく、強く、成長する国へ。』195頁より）

「全世代の安心感」が日本の活力に。

生涯を通じてホルモンバランスの影響を受けやすい女性の健康をサポートする「女性総合診療科」の普及と医療人材育成を進めます。

（「高市早苗　コラム」令和三年〈二〇二一〉九月二十六日）

令和六年（二〇二四）度の新規事業として、『「女性の健康」ナショナルセンター機能の構築』を開始しました（令和六年〈二〇二四〉度予算は二十一・七億円、一部前倒しのために令和五年〈二〇二三〉度補正予算にも五・四億円を計上。厚生労働省において計二十七・一億円を確保）。

平成二十四年（二〇一二）十二月に初めて政調会長に就任して間もなく、自民党内に検討組織を設置して、長年にわたって取組んできました。

女性はホルモンバランスの変化により、ライフステージ毎にその心身の状況が大きく変化し、さまざまな健康上の問題等が生じます。このため、女性の健康や疾患について、心身における性差も加味し、ライフステージ毎に多面的・包括的な分析に加え、病態の解明と予防及び治療に向けた研究を推進します。

具体的には、国立研究開発法人国立成育医療研究センターが「女性の健康」に関する司令塔機能を担い、「女性の健康に関するデータセンターの構築」「女性のライフコースを踏まえた基礎研究・臨床研究の積極的な推進」「情報収集・発信、政策提言」「女性の体とこころのケア等の支援等」を実施します。

この新たな取組により、女性が人生の各段階でさまざまな健康課題を有していることを社会全体で共有し、女性が生涯にわたり健康で活躍できる社会を目指してまいります。

参考までに「女性の健康」ナショナルセンターですが、以下の四つの機能の拡充を目指します。

①女性の健康に関するデータセンターの構築

医療機関や研究機関等の協力を得て、女性のライフコース毎のデータの収集・解析を行い、女性の健康に関する新たな知見を発掘及び臨床試験を実施するための基礎情報を収集します。また、収集したデータの解析やAI予測を実施し、新たなエビデンスを創出、収集したデータを全国の研究機関・企業が活用できるよう、データ管理、提供を行う窓口を設置します。

②女性のライフコースを踏まえた基礎研究・臨床研究の積極的な推進

女性の健康に関する調査・研究は多様なアプローチが必要なため、医学的視点だけでなく、社会学や経済学からの研究者を集め、包括的な取組を実施します。

また、女性特有の疾患領域における治験等を推進するため、オープンイノベーションセンター等を整備。女性特有の疾患領域の研究を実施する研究機関とネットワークを構築し、企業の治験に協力できる医療機関の紹介等の調整機能を整備します。

③情報収集・発信、政策提言

「女性の健康」に関するウェブサイトや相談窓口の設置、最新の研究成果について、積極的に情報収集・発信、政策提言をします。

④女性の体とこころのケア等の支援等

プレコンセプションケア（将来の妊娠を考えながら女性やカップルが自分たちの生活や健康に向き合うこと）の均てん化（全国どこでも標準的な専門医療を受けられるよう、医療技術等の格差の是正を図ること）に資するモデル事業、調査研究、情報発信等を実施します（プレコンセプションケアセンターの新設）。

産後の女性の体とこころのケアや子育てを支援し、安心して子育てができる環境（産後ケアセンター）の整備、「妊娠と薬情報センター」の機能を維持して発展させるために、人材、設備、ＤＸ（デジタルトランスフォーメーション）の拡充を進めます。

「危機管理投資」で安全で強靭な国を創る。
感染症・重病・難病の克服に向けて、「創薬力の強化」に資する重点投資（生産設備投資支援、基礎研究支援・臨床研究支援）を行います。
（「高市早苗　コラム」令和三年〈二〇二一〉九月二十五日）

ＡＭＥＤの医薬品プロジェクトにおいて、創薬標的の探索から臨床研究まで、モダリティ（低分子薬、抗体医薬、核酸医薬、細胞治療、遺伝子細胞治療、遺伝子治療といった治療手段の種別のこと）の特性を考慮した研究開発を推進し、医療ニーズに応える医薬品の実用化に向けた支援を行いました。予算額は、令和四年（二〇二二）度が三百七十億円、令和五年（二〇二三）度が三百六十三億円、令和六年（二〇二四）度が三百六十六億円（インハウスを含む）です。

具体的な施策は次の通りです。

《基盤関係》

・創薬支援推進事業：アカデミアシーズンについて、理化学研究所、医薬基盤・健康・栄養研究所、産業技術総合研究所の三法人による支援により企業導出することを目指すもの（令和六年〈二〇二四〉度予算：三十五億円）。

《創薬技術関係》

・創薬基盤推進研究事業：開発過程の迅速化等に向けた新規モダリティの創薬技術開発支援、産学共同研究（令和六年〈二〇二四〉度予算：二十五億円）。

・次世代治療・診断実現のための創薬基盤技術開発事業：企業等とともに事業化を志向した製造技術開発及び実用化のための基盤技術開発の実施（令和六年〈二〇二四〉度予算：五十三億円）。

《実用化関係》

・難治性疾患実用化研究事業：核酸医薬等の新規モダリティ等の治療薬開発（令和六年〈二〇二四〉度予算：二十九億円）。

・新興・再興感染症に対する革新的医薬品等、開発推進研究事業：有効性の高いワクチン、迅速診断薬、感染症治療薬の開発（令和六年〈二〇二四〉度予算：二十一億円）。

クールジャパン戦略担当大臣の職責を果たす

日本のコンテンツを世界に発信

令和五年（二〇二三）九月十三日に発足した「第二次岸田第二次改造内閣」から、新たに「クールジャパン戦略」も担当することになりました（「クールジャパン戦略」の担当大臣は、第二次安倍内閣で初めて設置されたものです）。

日本のコンテンツや食の人気が世界的に本格化し、インバウンドにおいてもリピーターが増加する等、日本ファンが拡大・深化しています。

実際に日本の「漫画」「アニメ」「ゲーム」といったコンテンツの海外における売上の市場規模は、四・七兆円（令和四年〈二〇二二〉）です。海外輸出額で鋼鉄産業に匹敵し、半導体産業に迫る規模です。

ところが、これまでの取組の中で、クールジャパン全体の目標が設定されていない、デジタル化が遅れている、クリエイターへの収益の還元が不十分であるといった課題がありました。

私はこれらの諸課題について『美しく、強く、成長する国へ。』や公式サイトに掲載されている「政策」ですでに提言していますが、クールジャパン戦略を再起動することにより、これらの課題を解決し、日本ファンの獲得、ソフトパワーの強化を図ろうと決意しました。

また、クールジャパン戦略担当大臣として、クールジャパン関連産業を我が国の基幹産業として位置付け、海外展開を令和十五年（二〇三三）までに五十兆円に拡大することを目指します。コンテンツについては、構造改革を進めるとともに、クリエイターへの支援を強化します。インバウンド、食については、高付加価値化を進めてまいります。

「漫画」「アニメ」「ゲーム」も、日本の強みであり、担い手の育成と起業支援の仕組みが必要だ。

先ずは、高等教育機関で、著作権や契約などに関する法律教育を行う。次に、外資とのイコールフッティング（競争条件同一化）や海外配信網の整備などを支援する。更に、資金面では、投資家の税負担軽減策として、「寄付税制」を所得控除から税額控除にする。法人課税の繰り延べ、遺産からの控除、相続課税の繰り延べなどの方法もある。

（『美しく、強く、成長する国へ。』84～85頁より）

日本に強みがある（中略）アニメ・ゲームなどの分野につき、（中略）人材育成、国際競争力の強化に向けた戦略的支援を行います。

（「高市早苗の政策」）

日本の強みを生かしてさらなる高みを目指すべきと考え、着任早々に『新たなクールジャパン戦略』の策定に向けた検討を指示しました。令和五年（二〇二三）十一月に有識者で構成される「第一回構想委員会」で検討をスタートし、ワーキンググループを含め、延べ十一回の会議を開催しました。令和六年（二〇二四）六月には『新たなクールジャパン戦略』（令和六年〈二〇二四〉六月四日、知的財産戦略本部決定）を策定しました。

同戦略では、「コンテンツ産業を基幹産業と位置付け、戦略的に取組むため、ＰＤＣＡ（計画／実行／測定・評価／対策・改善）サイクルを高速に回しながら、産業の成長、国際競争力の強化、海外展開の推進に取組む」こととしました。

同戦略における公約に関連した具体的な支援内容の記載は以下の通りです。

・「産業界のニーズに応じて、大学等高等教育機関等におけるコンテンツ産業を支える人材育成強化のための取組を支援する（経産省、文化庁、関係府省）」「クリエイターの適切な収益の確保に向けて、クリエイターや制作会社が事業展開する際の契約作成に関する専門家による個別支援、弁護士等による相談窓口を整備する（文化庁）」

・「海外プラットフォームとの対等な関係が構築されるよう、一方的なルール変更（不利益変更）の有無や透明性の向上に係る取組（視聴者数等のデータの公開）、収益配分、コンテンツの二次利用に係る権利設定等について実態の把握を進める（公正取引委員会、文化庁、総務省、内閣府〈知財〉）」

・「拡大する海外需要を獲得し、日本発のコンテンツ市場の拡大を図るため、コンテンツの海外展開のための制作能力の強化、流通プラットフォームの機能強化、プロモーションやローカライゼーション（翻訳等）等の支援を行う（経済産業省、文化庁、総務省、関係省府）」

・「国際水準ベースの製作費を確保し、日本の豊富なＩＰ（知的財産）を活かした高品質な映像作品の製作を促すべくグローバルに競争力を有する映像作品の制作費支援を行う（経済産業省）」

習近平指導部以降の中国は、「規格強国」化を掲げ、国際標準化機関における発言力の向上により、中国規格の国際標準化を提示している。

背景は「製造強国」の建設や「一帯一路」の推進といった国家戦略の推進だと考えられるが、先進国による国際的な規格・ルールの制定が、製品の輸出コストを高めるなど非関税障壁を作り出し、中国などに不利益をもたらしているとの不満も表明している。

（中略）

日本が既に国際規格登録を終えていた光ケーブルのコネクターについて、中国は2020年10月に日本製品を微修正した仕様を国際規格として登録申請している。審議継続となったが、2021年8月現在、中国規格が正式登録される可能性が高い状況になってしまっている。

日本企業の中には、国際標準化に無関心な企業や消極的な企業も見受けられる。日本が優位性を維持している分野もあるものの、スマートシティなど新興分野では中国が優勢になっている。

技術革新のスピードが上がっている今、国家戦略として「国際標準化」にも更に力を入れ、日本人が国際機関の重要ポストを積極的に取りに行く為の活動を進めたい。

（『美しく、強く、成長する国へ。』116〜117頁より）


近年、中国、ＥＵ、米国は総合的な「国家標準戦略」を競い合うように相次いで発表しており、いわば「国際標準化競争」の状況にあります。

他方で、我が国では、

①経営計画でルール形成により新たな市場創造の構想を盛り込むと回答した企業が三割弱となる等、国際標準化を有効に活用する経営戦略やビジネス戦略が弱いこと
②国際標準化活動に携わる日本の関係者の七割以上が五十歳以上であり、高齢化で人材基盤が脆弱化していること
③英国規格協会（ＢＳＩ）等の他国機関と比べて日本の規格策定機関は規模が小さく、民

間活動を支援する基盤が脆弱であること

等の課題が指摘されています。

そのため、『知的財産推進計画2023』(令和五年〈二〇二三〉六月、知的財産戦略本部決定)において、「総合的な標準戦略を整備し、官民で実行に移す必要がある」とし、令和六年(二〇二四)五月二十四日には、そのための体制として、知的財産戦略本部のもとに「国際標準戦略部会」の設置を発表しました。この部会で、我が国の産業のインパクト等を踏まえ、「戦略領域」を設定することや、「国家標準戦略」の検討を行うこととしています。

また、内閣府において、令和五年(二〇二三)度補正予算(イノベーションの創出を促進する国際標準の戦略的な活用の推進)で三十億円を確保しました。内閣府が国際標準機関で活躍できる人材の育成や、国際標準機関での主要ポスト獲得に向けた活動等に取組むための予算を関係省庁(経産省、総務省、農水省、国交省等)に配分することにしています。

「インターネット上の権利侵害情報(侮辱・名誉毀損・脅迫・著作権侵害)」を減らすための取組を強化します。

（「政策パンフレット」）

マンガを中心に、海外に拠点を置くとみられる海賊版サイトによる著作権侵害の被害が深刻化しています。そのため、これまでの対策（「インターネット上の海賊版に対する総合的な対策メニュー及び工程表」〈令和元年（二〇一九）十月策定、令和三年（二〇二一）四月更新〉）の効果を検証したうえで、令和六年（二〇二四）五月に見直した内容（再更新版）を発表しました。

追加的な対策としては、たとえば、令和六年（二〇二四）五月十七日に公布された『情報流通プラットフォーム対処法』に基づき、大規模プラットフォーム事業者に対し、インターネット上の違法・有害情報の削除対応の迅速化や運用状況の透明化に係る措置を義務づけることとなっており、その適切な運用を位置付けました。

第3章

宇宙政策・科学技術政策担当大臣として

宇宙政策担当大臣の職責を果たす

急速に高まる宇宙システムの重要性

我が国を取り巻く安全保障環境は、複雑さと厳しさを増しています。加えて、宇宙空間、サイバー空間、電磁波領域等において、自由なアクセスやその活用を妨《さまた》げるリスクが深刻化しており、我が国の安全保障上の関心対象は地理的・空間的に拡大しつつあります。我が国の安全保障上の関心対象の広がりに伴い、高い情報収集・情報通信能力を有する宇宙システムの重要性が急速に高まっています。

令和四年（二〇二二）十二月に閣議決定された新たな『国家安全保障戦略』では、宇宙が大きくクローズアップされ、我が国を全方位でシームレスに守るための取組の一つとして、「宇宙の安全保障の分野での対応能力強化」が掲げられています。

また、同戦略では、宇宙の安全保障分野の課題と政策を具体化させる政府の構想を取りまとめることとされました。同月の「宇宙開発戦略本部」においては、岸田総理より、「新たな国家安全保障戦略の策定を受け、二〇二三年夏を目途に、宇宙の安全保障構想を策定します。さらに、民生分野を含め、最新の宇宙開発動向を踏まえ、三年ぶりに、宇宙基本計画を改定します。高市宇宙政策担当大臣を中心に、浜田靖一《やすかず》防衛大臣〈当時〉を始め関係大臣が連携し、具体的に進めてください」との指示がありました。

その後、私が宇宙政策担当大臣として、令和五年（二〇二三）六月十三日に、日本初の『宇宙安全保障構想』を宇宙開発戦略本部で決定しました。この構想は、宇宙安全保障上の目標と、その達成のための三つのアプローチを、今後十年の取組として示しました。これらは同日に閣議決定した『宇宙基本計画』の個別事業に反映されています。

三つのアプローチは以下の通りです。

①安全保障のための宇宙システム利用の抜本的拡大（宇宙からの安全保障）

②宇宙空間の安全かつ安定的な利用の確保（宇宙における安全保障）

③これらを実現するための、宇宙産業の支援と育成による、安全保障と宇宙産業の発展の

好循環の実現

また、私の公式サイトでも、宇宙安全保障については三年前から提言をしています。

「経済安全保障」と「国防力」の強化で安全な暮らしと技術を守る。

新たな戦争の態様に対応できる国防体制を構築します。ゲームチェンジャーは、衛星、サイバー、電磁波、無人機、極超音速兵器です。迅速な敵基地無力化を可能にするための法制度整備、訓練と装備の充実、防衛関連研究費の増額に注力します。

衛星と海底ケーブルの防御も強化します。

（「高市早苗　コラム」令和三年〈二〇二一〉九月二十五日）

『宇宙安全保障構想』の実現のための各種施策は、『宇宙基本計画』及び同工程表に反映され、府省横断的に取組んでいます。

また、令和五年（二〇二三）十月には、宇宙に関する不測の事態が生じた場合における情報収集や初動対応等に関する官民一体となった対応要領の強化を実現するための情報共有の枠組みである「宇宙システムの安定性強化に関する官民協議会」を設置しました。官民協議会は、関係府省庁に加え、宇宙システム関連事業者や重要インフラ関連団体等から構成されます。官民相互の連携や情報共有を促進し、官民一体となった総合的な対処体制を構築することで、宇宙空間の安全かつ安定的な利用を一層進めるべく、しっかりとこの取組を進めてまいります。

このほか、宇宙安全保障に関する議論を実施する多国間枠組みである「連合宇宙作戦イニシアチブ」（CSpO）について、防衛省が中心となって調整を進め、令和五年（二〇二三）十二月に参加が実現しました。

今後も、国と国民の皆様の安全を守るべく、宇宙安全保障にかかわる取組を、関係省庁と連携しつつ、しっかりと進めてまいります。

「宇宙デブリ」除去に日本の最先端科学技術が

人工衛星やスペース・デブリ（宇宙ゴミ）が増加する中、宇宙空間の安全で持続的な利用の実現には、デブリ除去に関する技術開発がますます重要となっています。

現在、宇宙空間を飛翔する物体のうち、衛星は四四％のみです。残りの約六割は、運用を終えた衛星、使用済みロケット、中国やロシアによる衛星破壊実験等で発生した破片等、いわゆるスペース・デブリです。

小さなデブリでも、国際宇宙ステーションや人工衛星に衝突すると、大きな被害が発生する可能性があります。

デブリ除去をはじめとする軌道上サービスの分野で、我が国の技術は世界最先端を誇っています。本格的な商業化が実現すれば、世界に市場を拓くとともに、技術の力でリーダーシップを発揮し、デブリ除去や国際的な規範・ルールの整備に貢献できると考えています。

令和五年（二〇二三）は、日本がG７（先進七カ国首脳会議）の議長国でした。私は五月に開催したG７科学技術大臣会合の議長を務めたのですが、令和四年（二〇二二）秋からG７およびEUの科学技術担当大臣と対面やリモートで意見交換を続けてきました。大臣会合で扱う議題を決めるための根回しです。

私は、「宇宙の、持続的で安全な利用」のために、各国がスペース・デブリ対策に取組むべきことを提起しました。その結果、『G７科学技術大臣会合コミュニケ』（令和五年〈二〇二三〉五月十三日）と『G７広島首脳コミュニケ』（令和五年〈二〇二三〉五月二十日）に、スペース・デブリの「発生抑制に向けた国連宇宙空間平和利用委員会で採択された国際ガイドラインの実施の緊要性と必要性」や「デブリ発生抑制と既存のデブリ削減のためのさらなる解決策および技術の開発の取組」を盛り込むことができました。

また、令和六年（二〇二四）二月十八日から十九日にかけて、ＪＡＸＡ（宇宙航空研究開発機構）の「商業デブリ除去実証（ＣＲＤ２）フェーズⅠ」の契約相手方で、日本のスタートアップである「アストロスケール社」（スペース・デブリの除去サービスに取組む企業）の商業デブリ除去実証衛星「ＡＤＲＡＳ－Ｊ」が、米国ロケット・ラボ社のロケットでニュージーランドの射場から打ち上げられ、軌道投入と通信確立に成功しました。

また、「ＡＤＲＡＳ－Ｊ」は五月二十三日に、平成二十一年（二〇〇九）に打ち上げられたＨ－ⅡＡロケット15号機の第二段機体（全長十一・二九メートル、外径四・〇七メートル、質量約三トン）に五十メートルまで接近し、撮影に成功しました。スペース・デブリを近距離で撮影した画像が公開されること自体、世界初でした。

この画像は六月十四日に公開されましたが、スペース・デブリを近距離で撮影した画像が公開されること自体が世界初であり、大変な快挙です。

軌道上のスペース・デブリに安全に近づき、その運動や、損傷、劣化の状況を調査するアストロスケール社の技術は、スペース・デブリ除去をはじめとする軌道上サービスに不可欠です。

まずは、G7を皮切りに、「自国が出したスペース・デブリは、自国の責任で回収する」という国際ルールを確立できたなら、回収技術を持たない国から代金をいただいて、日本企業がデブリを回収するという大きなビジネスチャンスにもなると考えています。

G7科学技術大臣会合で日本がイニシアチブを

令和六年（二〇二四）七月九日から十一日までイタリアのボローニャで開催されたG7科学技術大臣会合に出席してきました。イタリアが議長国でしたが、『G7プーリア首脳コミュニケ』にも『G7科学技術大臣会合コミュニケ』にも、引き続き「スペース・デブリ対策」が明記されました。

今年のG7科学技術大臣会合では、欧州委員と直前の選挙で政権交代があった英国以外の大臣は令和五年（二〇二三）と同じメンバーでしたので、スペース・デブリ対策への関心は十分に高まっており、私からは、日本の「商業デブリ除去実証」の取組を紹介するとともに、次の点も強調しました。

日本では、スペース・デブリ発生抑制策について、『宇宙活動法』に基づき、衛星の管理者に対し、例えば、破砕予防や衝突回避の措置をとることを義務付けるとともに、管理が終了した衛星を適切に軌道から除去するよう努めることとしています。

スペース・デブリ対策では、国際連携が重要です。G7が、スペース・デブリの発生抑制と削減について、国際的なガイドラインの実施や、技術や解決策の研究開発の更なる取組を奨励する旨のメッセージを発信し、国際社会の先頭に立ってデブリ対策を進めていくべきです。

以上の発言は、しっかりとG7の科学技術大臣やNATO代表に共有されたと思います。

前記したようにスペース・デブリ除去をはじめとする軌道上サービスの分野で、我が国の技術は世界最先端を誇っています。

スペース・デブリを除去するためには、宇宙空間を時速約二万八千キロの速さで回転しながら飛んでいるデブリに、ぶつからないようにしながら近づいて除去するという一連の機能を備えた衛星が必要です。

アストロスケール社は、この技術を持っており、現在はJAXAと協力しながら、世界に先駆けて、スペース・デブリ除去技術の実証プロジェクトを進めています。

令和八年（二〇二六）度以降は、実際に大型デブリであるロケット上段の除去を行う予定です。

同社は、「能動的デブリ除去」に加え、「衛星の寿命を延ばす軌道上サービス（燃料補給・修理）」の実施も目指しています。

現時点でスペース・デブリ除去に成功した国や企業は無く、アストロスケール社による本格的な商業化が実現すれば、スペース・デブリ除去技術を持たない国に有償でサービスを提供する等、世界に市場を拓くことによって、日本の「経済力」強化にも貢献できます。

G7科学技術大臣会合では、日本の『宇宙活動法』を紹介しましたが、米国でも、任務を終えた低軌道衛星を五年以内に燃え尽きる廃棄軌道に移すことを義務付けました。各国のルールづくりは進み始めていますが、宇宙空間にスペース・デブリを排出した国に除去を強制する国際条約はありません。

私は、日本が、「技術力」によって、ベストプラクティスの取組を率先垂範《そっせんすいはん》して国際社会に積極的に発信し、「外交力」によって、同盟国・同志国との協力を通じて宇宙空間における責任ある行動に関する規範形成に主体的な役割を果たし、安全保障の観点も含め宇宙利用に係る国際的な規範・ルールづくりを主導していくべきだと考えています。

ＪＡＸＡの役割・機能を強化

世界的に宇宙活動が活発化し、国際競争も激化している中、令和五年（二〇二三）六月、我が国の宇宙政策を戦略的に強化するために、『宇宙基本計画』を三年ぶりに改定しました。新しい基本計画では、「基本的なスタンス」として、「宇宙開発の中核機関たるＪＡＸＡの役割・機能の強化」と「人材・育成等の資源の効果的・効率的な活用」を打ち出しています。

『宇宙基本計画』では、ＪＡＸＡの役割・機能強化の手立てとして、ＪＡＸＡの戦略的かつ弾力的な資金供給機能を強化し、産学官の結節点とすることを示しました。これを受け、令和五年（二〇二三）十一月に閣議決定された『デフレ完全脱却のための総合経済対策』では、「民間企業・大学等による複数年度にわたる宇宙の先端技術開発や技術実証、商業化を支援するため、ＪＡＸＡに十年間の『宇宙戦略基金』を設置」し、「速やかに、総額一兆円規模の支援を行うことを目指す」とされました。

そして、その後の臨時国会では、JAXAに基金を設け、JAXAの業務に助成金の交付を追加するために、『国立研究開発法人宇宙航空研究開発機構法（JAXA法）』を改正しました。また、同国会でお認めいただいた補正予算では、まずは早急に着手すべきテーマについて、総務省と文部科学省、経済産業省において合計三千億円を計上しました。「宇宙戦略基金」は、各省がJAXAに基金を造成し、JAXAがスタートアップを含む民間企業や大学、国立研究開発法人に委託や補助金交付を行うスキームです。「宇宙輸送」「衛星等」「探査等」の三分野を支援し、〝宇宙開発史上の拡大（二〇三〇年代早期に四兆円から八兆円へ）〟、〝宇宙を利用した地球規模・社会課題解決への貢献〟、〝宇宙における知の探究活動の深化／基盤技術力の強化〟を事業全体の目標とします。

大規模な資金投入になる以上、こうした目標達成に向けて、明確な指標を設定し、その方向性に沿って予算を有効に活用しなければなりません。令和六年（二〇二四）二月には、宇宙政策委員会において『宇宙戦略基金　基本的な考え方』を示しました。

ここでは、各分野の方向性として、

・宇宙輸送の分野で、二〇三〇年代前半までに国内でロケットの打上げ能力を三十件程度

確保

・衛星の分野で、二〇三〇年代早期までに、国内の衛星システムを五件以上構築

・探査の分野で、二〇三〇年代早期までに、我が国の民間企業等が月や火星圏以遠のミッション・プロジェクトに新たに十件以上参画

といった指標を示し、事業設計の基本的な考え方を掲げました。こうした各分野の将来的に目指すべき具体的な指標を政府が示したのは、初めてのことです。

我が国の宇宙活動は、昭和四十五年（一九七〇）以来、自国の衛星を自国のロケットで打ち上げ、宇宙探査でも多くの成果を挙げて、輸送・衛星・探査のいずれにも自立性を持つという特長があります。

宇宙開発の熾烈《しれつ》な国際競争に勝ち残るためには、ＪＡＸＡだけではなく、蓄積してきた民間企業や大学の技術力、新興のスタートアップ、これまで宇宙分野に参入してこなかった企業の力も糾合して、三分野を発展させることが必要です。そのためには「宇宙戦略基金」を、一つの方向性を持って活用していくことが重要であり、「考え方」の設定はその第一歩だと考えています。

また、令和六年（二〇二四）三月には、日本初の『宇宙技術戦略』を新たに策定し、日本の勝ち筋となる技術開発のタイムラインを示しました。これは、我が国の勝ち筋となる技術を見極め、技術開発のタイムラインを技術ロードマップとして示したものです。毎年度、最新の状況を踏まえて継続的な改訂を行います。具体的には、「衛星」「宇宙科学・探査」「宇宙輸送」及び「分野共通技術」において、我が国の技術的優位性の強化や、サプライチェーンの自律性の確保に資するような技術開発を推進し、必要な宇宙活動を自前で行い得る能力（自立性）を確保することを目指しています。

民間企業の立場からすれば、革新的な研究開発や事業化にはリスクをはらみます。民間企業に主体的に技術開発に取組み、また宇宙分野に新たに参入していただくために、これまでの『宇宙基本計画工程表』（令和六年〈二〇二四〉五月に改訂）に加えて、『宇宙技術戦略』を示すことで、予見性を高め、今後必要とされる技術を、民間企業の皆様にわかりやすく示すことを目指しています。一方、政府でも、関係省庁において、予算執行に際して参照する羅針盤として活用されることを期待しています。

そういう意味でも、宇宙は今後成長が期待され、ますます重要性が高まる分野であり、我が国の宇宙活動の自立性を維持し、強化するためにも、十分な予算の確保が不可欠です。

宇宙政策担当大臣として関係府省による連絡会議等の場でも、精力的に予算要求を行うよう要請してきました。

その結果、令和六年（二〇二四）年度予算、及び令和五年（二〇二三）度補正予算における宇宙関係予算は、

・令和六年（二〇二四）度当初予算における計上と、過年度に措置された基金事業のうちの宇宙関係事業に配分が確定した額が、四千三百三十六億円

・宇宙戦略基金計上分を含む令和五年（二〇二三）度補正予算による宇宙関係予算が四千六百九億円、総額八千九百四十五億円

となり、令和五年（二〇二三）度の実績（六千百十九億円）を、二千八百二十六億円上回りました。この予算をしっかりと活用して、『宇宙基本計画』や『宇宙基本計画工程表』を着実に実行し、政府を挙げて宇宙政策を推進してまいりたいと思います。

科学技術政策担当大臣の職責を果たす

情報収集衛星や通信衛星の打ち上げを増やす方向に

国防や災害対応に必要な情報収集衛星や通信衛星の打ち上げを増やしていきたいと考えています。

災害発生時や戦争の情報収集に役立つ「SAR（合成開口レーダ）衛星」についても、九州大学発の「QPS研究所」や「シンスペクティブ」等、日本のスタートアップが有する技術が世界をリードしています。

令和六年（二〇二四）二月と七月に、打ち上げに成功した「H3ロケット」ですが、我が国の宇宙活動の自立性確保と国際競争力強化のために極めて重要な、新たな基幹ロケットです。

すでに友好国から期待が寄せられています。

現在の「H2Aロケット」の打ち上げコストは、一回百億円ですが、「H3ロケット」は一回五十億円で、打ち上げコストを半減することができます。また、打ち上げ能力も、三〇%増強できます。地上三万六千キロメートルの静止軌道まで打ち上げる場合、「H2Aロケット」は五トンですが、「H3ロケット」は六・五トンです。

つまり、「H3ロケット」なら、複数の小型衛星を同時に打ち上げることができるのです。ロシアのロケットが使えないなか、海外からも「H3ロケット」利用の引き合いがきており、日本にとっては良いビジネスチャンスになるはずです。

さらに七月一日には、H3ロケット3号機により、先進レーダ衛星「だいち4号」（ALOS‐4）が打ち上げられ、成功しました。

十二時六分四十二秒に、リフトオフに成功。十二時二十三分二十七秒に、ALOS‐4の分離に成功。その後は、衛星が太陽電池パドルを広げ、自身で発電できるようになる等、基本的な衛星の稼働状況を示しました。

先進レーダ衛星「だいち4号」（ALOS‐4）は、現在も宇宙で活躍中の「だいち2号」の性能と機能を強化した後継機に当たります。先進レーダ衛星を含めた地球観測衛星の体制整備によって、災害対応や幅広い産業の振興に貢献することを期待しています。

令和四年（二〇二〇）末に閣議決定された新しい『国家安全保障戦略』にも「宇宙からの安全保障」（地球上における課題へ宇宙からアプローチすること）と「宇宙における安全保障」（宇宙空間における課題へ地球あるいは宇宙からアプローチすること）という、二つの課題解決のための方向性が記載されました。これらの二つのアプローチの基盤となる「宇宙産業の支援と育成」も重要です。

日本の優れた宇宙関連技術を、宇宙空間の安全や緊急時の生活の安心に活用するとともに、日本の経済成長につなぐ道を探求していきたいと考えています。

「Ｋ Ｐｒｏｇｒａｍ」で総合的な防衛力の強化を

小型無人機については、海外企業が商品化を進めており、たとえば、マルチコプター（ヘリコプターの一種）関連技術は中国技術が寡占状態を築いています。また、欧州等において翼による飛行が可能なＶＴＯＬ機（垂直離着陸機）の実用化が進められています。

いずれにおいても、長距離飛行が可能な航続性能と高機動性、また、災害時の救援物資の運搬等に利用可能な耐荷性《たいかせい》を有する垂直離着陸性能を兼ね備えた機体技術はまだ確立されていません。

令和四年（二〇二二）五月に成立した『経済安全保障推進法』では、先端的な重要技術の研究開発支援の枠組みを設けており、具体的には『経済安全保障重要技術育成プログラム』（Ｋ Ｐｒｏｇｒａｍ）において、五十の先端的な重要技術を選定し、支援を実施することとしています。経済安全保障担当大臣および科学技術政策担当大臣が、「Ｋ Ｐｒｏｇｒａｍ」に係る「プログラム会議」を開催し、『研究開発ビジョン』や個々の研究開発の推進方法等に関する検討を行います。

「Ｋ Ｐｒｏｇｒａｍ」の実施に必要な経費は、ＪＳＴ（国立研究開発法人科学技術振興機構）とＮＥＤＯ（国立研究開発法人新エネルギー・産業技術総合開発機構）に設置される基金を用いることとなっています。指定基金に対する国の補助については、令和三年（二〇二一）度補正予算と令和四年（二〇二二）度第二次補正予算で、ＪＳＴとＮＥＤＯにそれぞれ二千五百億円、合計五千億円を確保しました。

また、私が科学技術政策担当大臣に就任してから、すぐの令和四年（二〇二二）九月に策定した『研究開発ビジョン（第一次）』において、

・災害・緊急時等に活用可能な長時間・長距離等の飛行を可能とする小型無人機技術
・小型無人機を含む運航安全管理技術
・小型無人機の自律制御・分散制御技術
・空域の安全性を高める小型無人機等の検知技術
・小型無人機の飛行経路の風況観測技術

を「K Program」による支援対象技術として選定しました。

さらには、令和五年（二〇二三）八月に策定した『研究開発ビジョン（第二次）』において、

・長距離物資輸送用無人航空機技術

を「K Program」による支援対象技術として選定しており、第一次、第二次とも可能なものから公募の上、採択して具体的な取組を始めています。

このプロジェクトの下、運航安全管理技術や無人機関連技術を開発することにより、世

界に先駆けた高度な安全性を実現する無人機等の我が国の技術の優位性を確保することを目指しています。

また、令和四年（二〇二二）十二月に閣議決定された新たな『国家安全保障戦略』を踏まえ、安全保障の対象・分野が多岐にわたる中、我が国の官民の高い技術力を幅広く、かつ積極的に安全保障に活用するために、安全保障に活用可能な官民の技術力を向上させ、研究開発等に関する資金及び情報を政府横断的に活用するための体制を強化してきました。

具体的には、防衛省の意見を踏まえた研究開発ニーズと関係府省が有する技術シーズ（新規事業開発を進めていくうえで必要になる技術）を合致させることにより、総合的な防衛体制の強化に資する科学技術の研究開発を推進できるよう、政府横断的な仕組みを令和五年（二〇二三）八月に創設しました。この仕組みの下、さまざまな活用の可能性がある先端技術を見出しつつ、防衛イノベーションにつなげる取組を強化してまいりたい。

新しい資本主義・成長戦略の鍵

資源代替・使用量削減・易《い》分別設計など「マテリアルの高度循環の為の技術開発」や、

MI、計測・分析、スマートラボ、製造プロセス、安全評価技術など「共通基盤技術の開発」を国が支援することは、有効な「成長投資」となる。

（『美しく、強く、成長する国へ。』80〜81頁より）

「成長投資」と「人材力の強化」で確かな未来を拓く。

日本に強みがあるロボット、マテリアル、半導体、量子（基礎理論・基盤技術）、電磁波、電子顕微鏡、核磁気共鳴装置、アニメ・ゲームなどの分野につき、技術成果の有効活用、人材育成、国際競争力の強化に向けた戦略的支援を行います。

（「高市早苗　コラム」令和三年〈二〇二一〉九月二十五日）

マテリアル（工業素材）は、我が国の産学の強みであり、新しい資本主義の成長戦略の鍵である「科学技術・イノベーション」「デジタル田園都市国家構想」「カーボンニュートラル」「経済安全保障」の全てに貢献する重要基盤技術です。

世界的なＥＳＧ（Environment〈環境〉、Social〈社会〉、Governance〈企業統治〉を考慮した投資活動や経営・事業活動）、ＳＤＧｓ（持続可能な社会）への意識の高まりや、新興国メーカーの参入による素材産業の競争激化を踏まえ、我が国の強みに立脚したデータやＡＩを活用した研究開発の効率化・高速化・高度化が急務となっています。

このため、令和三年（二〇二一）に策定した『マテリアル革新力強化戦略』に基づき、科学技術政策担当大臣として、文部科学省、経済産業省等と府省連携し、取組を推進してきました。

具体的には、

・データを活用した効率的なマテリアル研究開発に貢献できるマテリアルデータプラットフォームの整備

・社会課題に対応する革新的マテリアルの研究開発、資源制約の克服や資源循環を加速するための技術開発、スタートアップ支援

等を進めており、引き続き強力に進めてまいります。

私は、ＡＩが国防に貢献する可能性も大きいと考えている。例えば、ミサイル迎撃に

ＡＩの画像認識技術や電磁波技術を活用すること、高度なＡＩが組み込まれている無人機を偵察活動に活用することなどである。

（『美しく、強く、成長する国へ。』87頁より）

「成長投資」と「人材力の強化」で確かな未来を拓く。

産学官におけるＡＩの活用による生産性の向上（中略）を推進します。

（「高市早苗　コラム」令和三年〈二〇二一〉九月二十五日）

昨今の生成ＡＩを巡る技術革新は、生産性の向上や労働力不足の解消等、さまざまなメリットをもたらす一方、偽情報の拡散をはじめ、さまざまなリスクも存在します。こうした生成ＡＩに関する多岐にわたる課題へ対応するため、令和五年（二〇二三）年五月に、有識者で構成されるＡＩ戦略会議を設置し、『ＡＩに関する暫定的な論点整理』を取りまとめ、ＡＩのリスクへの対応や利用促進、開発力強化に取組んできました。

他方、急速に発展する生成ＡＩは、国際社会にとっても重要な課題であり、令和五年（二〇二三）年五月のＧ７広島サミットにおいて、広島ＡＩプロセスを立ち上げ、日本がＧ７

議長国として、国際的な議論をリードし、同年十二月に、安心、安全で信頼できるＡＩの実現に向けた『広島ＡＩプロセス包括的政策枠組み』が合意されました。

前記した『経済安全保障重要技術育成プログラム』（Ｋ Ｐｒｏｇｒａｍ）では、研究開発ビジョン（第一次）に基づく「人工知能（ＡＩ）が浸透するデータ駆動型の経済社会に必要なＡＩセキュリティ技術の確立」及び研究開発ビジョン（第二次）に基づく「偽情報分析に係る技術の開発」について研究開発が開始される見込みです。

また、令和六年（二〇二四）二月にはＡＩの安全性の評価手法の検討等を行う機関として、米国や英国と同様に、日本においても、「ＡＩセーフティ・インスティテュート」を設立しました。さらに、四月には、ＡＩ事業者が守るべき項目を盛り込んだ『ＡＩ事業者ガイドライン』を総務省や経済産業省が公表しており、科学技術政策担当大臣としてもＡＩ戦略会議等での議論を通じて取組を支援してきました。

ＡＩはあらゆる分野で利用され、ＡＩの開発や利活用等のイノベーションが社会課題の解決や我が国の競争力に直結する可能性があります。我が国においては、生成ＡＩを含むＡＩのさまざまなリスクを抑え、安全・安心な環境を確保しつつ、イノベーションを加速する好循環の形成を図ってまいります。加えて、我が国が主導する広島ＡＩプロセス等を通じて、今後も国際的にリーダーシップを発揮してまいります。

最も大きな進展があった核融合分野

「核融合炉」は、仮に電力供給が止まれば反応が自動停止するので、電源喪失によるトラブルは無い。寿命が短い廃棄物が生じるだけで、高レベル放射性廃棄物も出ない。

（『美しく、強く、成長する国へ。』58頁より）

「成長投資」と「人材力の強化」で確かな未来を拓く。

次期大型国家プロジェクトとして、「小型核融合炉（ウランとプルトニウムが不要で、高レベル放射性廃棄物が出ない高効率発電設備）」と「国産の量子コンピュータ」の開発に、集中的な投資を行います。

（「高市早苗　コラム」令和三年〈二〇二一〉九月二十五日）

核融合分野については、詳細は後記しますが、日本初の『フュージョンエネルギー・イノベーション戦略』を策定する等、令和四年（二〇二二）八月の科学技術政策担当大臣就任以降に最も大きな進展があった分野と言っても過言ではありません。

核融合とは、重水素と三重水素が融合してヘリウムに変わる際に放出されるエネルギーであり、太陽や星を輝かせるエネルギーのことです。地球温暖化の原因となる二酸化炭素を発生させず、高レベル放射性廃棄物も発生しない、環境保全性の高い次世代クリーンエネルギーとして期待されています。

そもそも「核融合」については、日本では、遠い未来の技術だととらえられ、国や民間による投資が進んでいませんでした。もともと文部科学省は、核融合発電の実現時期を二〇五〇年頃としていました。その後、同省のタスクフォースが「技術的には発電時期の前倒しが可能」という検討結果を示しました。

欧米では、政府主導で独自の取組みを推進するとともに、核融合ベンチャー企業に対する巨額の投資が行われています。米国企業は、令和七年（二〇二五）に実験炉を、二〇三〇年代初期に商用炉を稼働するとしています。英国企業は、二〇三〇年代中期に商用炉を稼働するとしています。

「核融合エネルギー」の実現によって、経済の覇権は、「資源保有国」から「技術保有国」

に移ると思います。

我が国では『ＩＴＥＲ（国際熱核融合実験炉）計画』等、核融合に関する研究開発を長年続けており、最先端の核融合機器製作に対応できる優れた技術が蓄積されています。発電炉の実現には時間を要するものの、スピンアウトによる新産業創出に期待が持てます。

実際に世界七極（中国、ＥＵ、インド、日本、韓国、ロシア、米国）の国際協力で建設を進めている『ＩＴＥＲ（国際熱核融合実験炉）計画』は、令和二年（二〇二〇）から炉心の組立が開始され、令和七年（二〇二五）の運転開始を目指していましたが、本体部分の修繕が必要になったこと等から、運転開始を九年延期し、令和十六年（二〇三四）とする案で検討を進めています。『ＩＴＥＲ協定』の発効が平成十九年（二〇〇七）十月でしたから、実に長期間にわたる取組みです。

この『ＩＴＥＲ計画』では、多くの日本企業が「最先端の核融合機器製作」に対応しており、圧倒的な存在感を示しています。

たとえば「超電導技術」は、医療用ＭＲＩ（磁気共鳴画像）の高度化に活用できます。「超電導コイルを高精度で製作する技術」は、海洋調査船や宇宙船の外壁の精密加工に活用できます。

「リチウムやベリリウムの回収技術」は、リチウム電池のリサイクルや、他のレアメタルの回収にも応用できます。

令和五年（二〇二三）一月には、英国企業と古河電気工業が、「高温超電導線材」の供給に関して合意しました。

大和合金は、欧州研究機関によるITER関係調達で契約を獲得しました。

京都フュージョニアリングは、英国政府主導の核融合炉開発プログラムで、三重水素のエンジニアリングに関するノウハウ提供を受注しています。

日本が有する技術的優位性を確保しつつ、将来の発電に向けた取組みを加速し、産業競争力を強化するためには、今回の戦略を着実に進めなくてはなりません。

「フュージョンエネルギー関連」を新産業としてとらえて、スタートアップやアカデミアの研究開発への支援強化、安全規制の議論、人材育成の取組み等を実行する必要があります。とくに最近は、中国の『反スパイ法』への不安や円安の影響もあり、製造拠点を日本国内に回帰させようとする企業の動きもありますが、将来にわたって特別高圧や高圧の電力が安定的に安価に安全に供給される環境をつくっておくことが、日本の立地競争力を強化し、次世代への贈り物にもなると考えています。

まさに日本の力を総結集！

我が国が有する技術的優位性を確保しつつ、核融合エネルギーの実用化に向けた取組を加速し、我が国の産業競争力を強化するため、科学技術政策担当大臣に就任して、すぐの令和四年（二〇二二）九月に統合イノベーション戦略推進会議のもとにイノベーション政策強化推進のための有識者会議「核融合戦略」を設置しました。すべての会（計五回）に出席し、令和五年（二〇二三）四月に、フュージョンエネルギーに新たな産業としてとらえ、産業協議会の設立や、スタートアップ、アカデミアによる開発の支援強化、安全規制に関する議論、人生育成等の取組等を進める日本初の『フュージョンエネルギー・イノベーション戦略』を政府として決定しました。

多くの専門家のお知恵を賜《たまわ》り、苦労して取りまとめた『フュージョンエネルギー・イノベーション戦略』ですが、「核融合エネルギー」ではなく「フュージョンエネルギー」という用語を使った理由も書いておきます。

近年、欧米は、学術分野では「nuclear fusion（核融合）」、エネルギー分野では「fusion（融合）」という用語を使用しています。ウランやプルトニウムを用いる「核分裂」とまったく異なる「核融合」の特性を踏まえたものでしょう。

日本初の戦略ですから、海外への発信も考えると、「フュージョンエネルギー（fusion energy）」の方が分かりやすいとの結論になりました。

発表直後から米国大使館から問い合わせが入る等、日本初の戦略は注目されています。戦略発表を機に、核融合分野で優秀な技術を保有する日本のスタートアップへの投資が急増しているという嬉しい報告もありました。

また同戦略に基づき、小型化・高度化等の独創的な新興技術を支援するため、令和五年（二〇二三）十二月、総合科学技術・イノベーション会議で新しいムーンショット目標を決定しました（令和五年〈二〇二三〉度補正予算に二百億円を計上）。令和六年（二〇二四）三月二十九日から、科学技術振興機構においてプロジェクトマネージャーの公募を開始しました（締め切りは六月四日）。

ちなみに、ムーンショット型研究開発制度とは、我が国発の破壊的イノベーションの創出を目指し、従来技術の延長にはない、より大胆な発想に基づく挑戦的な研究開発（ムーンショット）を推進する大型プログラムのことです。十番目の目標が「二〇五〇年までに、フュージョンエネルギーの多発的な活用により、地球環境と調和し、資源制約から解き放たれた活力ある社会を実現」としています。

ともかく、フュージョンエネルギーの産業化には、これまで『ITER計画』等にかかわってきた企業はもとより、多くの日本企業の力が必要です。同戦略においても、フュージョンインダストリーの育成を目的とした場として産業協議会の令和五年（二〇二三）度設立が目標として掲げられ、理事企業である二十一社とともに、設立に向けた準備を進めてきました。そして、令和六年（二〇二四）三月には「一般社団法人フュージョンエネルギー産業協議会（通称J－Fusion）」が設立されました。フュージョンエネルギーの産業化に向けた新たな一歩を踏み出すことができたことを本当に嬉しく思います。

J－Fusionは、メーカー、商社、電力、IT、建設、材料、金融等、実に多様な業界・業種の企業で構成されており、他国の業界団体とは異なった日本独自の団体となっています。引き続き、より多くの日本企業が参加することで、まさに日本の力を総結集したオールジャパンのチームができることを願っています。

フュージョンエネルギーは、エネルギー政策としても、産業政策としても重要であり、我が国が技術的に勝てる分野のひとつです。経済安全保障の観点でも、非常に重要な分野と考えています。今後、Ｊ－Ｆｕｓｉｏｎ等の産業界とも連携しながら『安全確保の基本的な考え方』を策定する等、フュージョンエネルギーの早期実現、並びに関連産業の発展に向けて、取組を加速し、力を尽くしてまいります。

また令和五年（二〇二三）に策定した核融合発電の国家戦略を改定することにしました。令和六年（二〇二四）八月から有識者会議を再開しました。発電目標を前倒しして、二〇三〇年代の発電実証の達成に向け必要な分野の取組みをまとめた工程表を作成し、安全確保策等を詰めていく予定です。

産学官の総力を結集し強力に推進

量子工学は、国家安全保障の帰趨《きすう》を制する技術だ。

既に欧米や中国は「量子技術」を国家戦略上の重要技術と位置付け、戦略策定、研究開発投資の拡充、拠点形成を急いでいる。

（『美しく、強く、成長する国へ。』81頁より）

「経済安全保障の強化」で安全な暮らしと技術を守る。
情報を安全にやり取りできる「量子暗号通信技術」の研究開発と社会実装を促進するとともに、「高度セキュリティ人材の育成」を急ぎます。

「成長投資」と「人材力の強化」で確かな未来を拓く。
次期大型国家プロジェクトとして、（中略）「国産の量子コンピュータ」の開発に、集中的な投資を行います。

量子技術イノベーションを進め、量子暗号通信、量子計測・センシング、量子マテリアル、量子シミュレーションなどの技術領域を支援します。

（「高市早苗の政策」）

量子技術は、将来の産業や社会を大きく変革させる革新技術であり、経済安全保障の観点においても、我が国が保有しておくべき重要な最先端技術です。近年、欧米や中国が巨額の投資と大型の研究開発に取組む等、将来の覇権をかけた国家間・企業間競争が激化しており、我が国においても量子技術の研究開発や社会実装に向けた戦略的な取組が求められています。

このため、科学技術政策担当大臣として、『第6期科学技術基本計画』（令和三年〈二〇二一〉三月閣議決定）や『量子技術イノベーション戦略』（令和二年〈二〇二〇〉一月、統合イノベーション戦略推進会議決定）に基づき、量子コンピュータ、量子計測・センシング、量子通信・暗号等をはじめとする主要技術に関する研究開発の抜本的強化、量子技術イノベーション拠点の形成、国際協力の促進、戦略的な知的財産マネジメントと国際標準化、優秀な人材の育成に加え、既存技術と組み合わせることによる短中期での実用化も含めた、量子技術の産業・社会での利活用の促進等、基礎基盤的な研究開発から社会実装に至る幅広い取組を、我が国の産学官の総力を結集して強力に推進してきました。

さらに、量子産業をめぐる国際競争の激化等、外部環境が変化する中で、我が国の優位性を獲得し、将来の社会実装や量子産業の強化を実現すべく、令和四年（二〇二二）四月に策定された『量子未来社会ビジョン』に掲げた令和十二年（二〇三〇）の状況「国内の量子技術の利用者を1000万人」「量子技術による生産額を約50兆円規模」「量子ユニコーンベンチャー企業を創出」等を実現するため、産学官の有識者で構成する量子技術の実用化推進ワーキンググループを設置し、検討を行い、令和五年（二〇二三）四月には、『量子未来社会ビジョン』が掲げるビジョン・目標を実現するために、量子技術の実用化・産業化を進める上での主な課題を整理し、基本的な対応方針や実行計画を示した『量子未来産業創出戦略』を新たに策定しました。

さらに、令和六年（二〇二四）四月には、量子技術に関する三戦略を補完するものとして、現下の諸課題を整理し、早急に対応の強化、具体化や追加が必要な方策をまとめた『量子産業の創出・発展に向けた推進方策』（量子技術イノベーション会議）を策定しました。

なお、これまでの戦略推進の成果として、令和五年（二〇二三）三月には、理化学研究所において、国産量子コンピュータ初号機が稼働・公開されました。

令和五年（二〇二三）五月には、私が議長を務めた「G7科学技術大臣会合」の公式サイドイベントとして、ハイレベル会合「量子技術が切り拓く未来」を開催し、米国、ヨーロッパ、カナダ、日本の産業団体Q－STAR（一般社団法人量子技術による新産業創出協議会）と、最新の活動状況、各国の量子技術に関する取組とその重要性を共有しました。

さらに、同年十月には、富士通が理化学研究所の支援を得て、国内民間企業として初となる量子コンピュータを開発、公開し、同年十二月には、大阪大学に設置した超伝導量子コンピュータ国産三号機のクラウドサービスを開始しました。
今後も、これらの戦略や方策に基づき、量子技術に関する基礎研究や応用研究に着実に取組むとともに、量子技術と基盤技術（AI技術や古典計算基盤等）の融合を推進します。さらに、グローバルサプライチェーンの構築・強靭化、国際標準化活動の推進、量子計算資源や量子暗号通信等の利用環境の整備を進め、バイオ、マテリアル等の多様な分野における実用的なユースケースの創出・実証、スタートアップや新事業等の創出を支援してまいります。

優秀な若手の研究者を育てるために

大学内にプロジェクトを担う若者用ポストを増やすことによって、若手研究者の処遇改善と活躍の場の提供にも繋がると思う。

（『美しく、強く、成長する国へ。』91頁より）

「成長投資」と「人材力の強化」で確かな未来を拓く。

「若手研究者の処遇改善と活躍の場の確保」を進めます。

（「高市早苗の政策」）

我が国の研究力向上のためには、若手を中心とした優秀な研究者を確保し、腰を据えて研究に打ち込める環境が重要です。このためには、研究者としての安定した雇用が求められますが、現実には、大学本務教員全体に占める四十歳未満の割合は約二割まで減少し、四十歳未満の国立大学教員の任期付き割合も約七割近くまで上昇しており、若手研究者をはじめとした研究者の研究環境の改善が急務です。

このため、科学技術政策担当大臣として中心となってとりまとめた『統合イノベーション戦略２０２３』等に基づき、大学・国立研究開発法人等において競争的研究費や企業の共同研究費から、研究に携わる者の人件費の支出を行うとともに、それによって、確保された財源から、組織のマネジメントにより若手研究者の安定的なポストの創出を行うことを促進してきました。

あわせて、優秀な研究者に世界水準の待遇を実現すべく、外部資金を獲得して給与水準を引き上げる仕組み（混合給与）も促進しています。

さらに、国立大学に対する予算による支援の面では、中長期的な人事計画の策定や外部資金の人件費への活用等を含めた人事給与マネジメント改革の実施状況を評価し、国立大学法人運営費交付金の配分に反映する取組を継続する（文部科学省）とともに、自由で挑戦的・融合的な構想に挑戦し続ける独立前後の研究者を対象に、最長十年間の安定した研究資金と研究に専念できる環境の確保を一体的に支援する「創発的研究支援事業」（文部科学省）等を実施してきました。

また、博士課程進学後の経済的見通し及びキャリアパスが不透明であることが、修士課程から博士後期課程への進学率の減少の大きな原因であると考えられていることから、『第6期科学技術・イノベーション基本計画』においては生活費相当額を受給する学生数を従来の三倍に増加させることを目標としましたが、これまで「次世代研究者挑戦的研究プログラム」（文部科学省）、「大学フェローシップ創設事業」（文部科学省）等により、約九千人規模の支援（全体で従来の二倍以上の支援規模）を実施してきました。

さらに令和五年（二〇二三）度には、既存政策とあわせて約一万八千四百人規模の生活費相当額の支援を実施しました。これらの経済的支援及びキャリアパス支援を引き続き着実に進めてまいります。

また、修士課程修了者の進学率の減少、若手研究者の不安定な雇用、研究者の研究時間の減少等、若手をはじめとした研究者に置かれている環境の改善のため、『研究力強化・若手研究者支援総合パッケージ』及び『第6期科学技術・イノベーション基本計画』に基づき、対策とフォローアップを進めるとともに、若手研究者の不安定な雇用改善のため、博士号取得者のキャリアパスの多様化に取組んできました。

若手研究者がアカデミアのみならず、産業界等の広い領域で活躍するキャリアパスの展望が描くことができるよう、令和三年（二〇二一）度から開始した長期有給インターンシップを継続実施しており、あわせて、実施中の企業と大学による優秀な若手研究者の発掘（マッチング）の仕組みも活用しつつ、文部科学省や経済産業省と連携し若手研究者とスタートアップを含む企業との接点増加に取組んできました。

引き続き、博士課程学生や若手研究者の処遇向上に取組むとともに、博士人材の産業界での活躍促進に向け、企業・大学等を対象としたガイドライン策定に向けた省庁横断での検討や、ロールモデルのPR等を通じた博士人材の魅力の発信も行ってまいります。さらに、経済団体等に対し、博士人材が産業界等で幅広く活躍する重要性の理解促進に向けた働きかけも行っていきます。今後も、博士人材の活躍による研究力やイノベーション創出の強化を目指してまいります。

令和六年（二〇二四）六月には、経済財政諮問会議の席で、「運営費交付金」の増額も求めました。

第4章

サイバーセキュリティ対策の強化を急げ！

社会秩序の平穏を損なうことがあってはならない

なぜサイバーセキュリティ対策が必要か

古い話ですが、平成三十一年（二〇一九）一月末に発売された『WiLL』（同年三月号）で、平成三十年（二〇一八）十二月に出版された私の著書『サイバー攻撃から暮らしを守れ！』（PHP研究所）の内容に関するインタビュー記事を掲載していただきました。また、『美しく、強く、成長する国へ。』でも、次のように記しています。

「サイバー攻撃対策」と「防災対策」の強化を主要公約として訴え続けた。

（『美しく、強く、成長する国へ。』128頁より）

情報通信、航空、鉄道、物流、自動車、医療、電力、ガス、水道、石油、化学、金融、クレジット、行政サービスの各分野において、国内外で発生したインシデント事例を紹介し、日本政府の対応状況とともに、さらに進めるべきだと考える多くの対策案を書き込んだ著書でした。

出版後には、外資系大手情報通信関係企業が主催する顧客向けセミナーで参考資料として配布され、書店でも主にビジネスパーソンの方々に多く購入していただいていると聞いていました。米国在住の日本人研究者の方からも「セキュリティ研究に、大変参考になりました」とお手紙を賜り嬉しく思っていましたが、関西で商店経営や農業に従事している学生時代の友人たちからは「早苗の本を買ったけど、難し過ぎて眠くなっちゃうよ」等、不評でした。二百三十ページ以上の分厚い本で、堅苦しい文章です。いずれ、もっと平易な表現で、安価で薄く読みやすい本を書こうと考えています。

約六年前に出版した著書でしたが、日本のサイバーセキュリティ強化に向けて「防御や反撃に必要な法改正の必要性」や「政府の体制強化」「サイバー分野における日米協力」「国際ルール構築への貢献」等についても記しました。

翌令和元年（二〇一九）五月には、自民党サイバーセキュリティ対策本部長として取りまとめた『第二次提言』に「復旧・防御」に加えて「アクティブ・ディフェンス」（今ではACD：アクティブ・サイバー・ディフェンスと呼ばれるサイバー空間上での反撃）の検討や、必要な法改正事項、「二〇二五年を目途にした『サイバーセキュリティ庁（仮称）』の創設」等を書き込み、当時の安倍晋三総理と菅義偉《すがよしひで》官房長官に提案を致しました。

安倍総理には「実に野心的な提言だね」と言われてしまい、「霞が関では『野心的』＝『実現困難』ということなんやろうな……」と、少々落ち込んだことを懐かしく思い出します。ときは経ちましたが、令和五年（二〇二三）になって、政府・与党内で大きな動きが出てきたことを心強く感じています。

令和五年（二〇二三）十一月九日には、自民党と公明党のワーキングチームで「能動的サイバー防御の導入」や「一元的な司令塔機能の創設」の必要性につき、一致したと聞きました。

当時の主務大臣は谷公一国家公安委員会委員長でしたし、現在の主務大臣は河野太郎デジタル大臣ですから、私の担務ではありませんが、サイバーセキュリティは経済安全保障上も重要な要素だと思っていますので、政府内の会議では、お叱りを覚悟のうえで積極的に発言を続けてきました。

通信の秘密を定めた『電気通信事業法』や、許可なく相手の設備に入れない『不正アクセス禁止法』、サイバー空間上での反撃に必要なウイルスを作成・保管できない『刑法』について、国防や経済安全保障上の対応が必要な場合の例外規定をつくるべきであること、サイバーセキュリティ対策全般に一元的な権限と責任を持ち、十分な資源を備えた組織の構築が必要なこと等です。

米国のＣＩＳＡ（国土安全保障省のサイバーセキュリティ・インフラセキュリティ庁）はモデルになり得ると思います。

国民の皆様のご関心も、六年前に比べると、格段に高くなってきたように感じています。日本でも暮らしに身近な分野でサイバー攻撃被害が発生していることや、令和四年（二〇二二）二月より開始されたロシアによるウクライナ侵略ではサイバー攻撃と物理攻撃を交互に繰り出す戦術が見られ、サイバー攻撃に関する報道が増えた影響もあるのでしょう。

令和三年（二〇二一）十一月に、徳島県つるぎ町立半田病院が、ランサムウェア（身代金要求型のウイルス）によるサイバー攻撃を受け、約八万五千人分の電子カルテシステムのデータが閲覧不能となり、また当該システムと連結している診療報酬システムも使用不能となり、新規患者の受け入れの原則停止や診察内容を手書きでカルテに記録する等、診療に影響が出ていることが公表されました。

令和四年（二〇二二）十月三十一日には、大阪市の大阪急性期・総合医療センターが、ランサムウェアによる攻撃を受け、大規模なシステム障害が発生しました。十一月十三日には、予約していた外来患者の診察等は再開しましたが、新規の外来診療は停止したままでした。一部の端末で電子カルテを閲覧できるようになったのですが、医師が診察室のパソコンで閲覧できない状況は続き、検査の再開は十二月中旬に、システム障害の完全復旧は令和五年（二〇二三）一月までかかりました。

六年前の著書にも、海外で多発していた医療機関へのサイバー攻撃の事例とともに、医療機関が重要なデータのバックアップを取っておくべきこと等、複数の対策について書かせていただきましたが、実際に国内で深刻な被害が発生すると、他分野における対策強化についても、急いで対応しなければならないと焦っています。

令和二年（二〇二〇）九月には、「ドコモ口座」をはじめとした電子決済サービス、ゆうちょ銀行の「ｍｉｊｉｃａ」、ＳＢＩ証券において、不正アクセスにより、不正送金や顧客資産の流出が発生したことが相次いで発覚しました。

ウクライナは、平成二十七年（二〇一五）と平成二十八年（二〇一六）に、変電所へのサイバー攻撃を受けて大停電、平成二十九年（二〇一七）には、キーウの地下鉄、オデーサ国際空港、チョルノービリの放射線レベル測定システムが攻撃を受けました。

国民の皆様の生命や財産、生活や産業を守り抜くために、サイバーセキュリティに関しては、政府内でも声を上げ続け、対策強化を実現する決意です。

私が担務する『経済安全保障推進法』にも、令和六年（二〇二四）五月から運用が開始された「基幹インフラ役務の安定的な提供の確保に関する制度」が盛り込まれています。

電気、ガス、水道、航空、鉄道等、基幹インフラ役務を提供する対象事業者の重要設備導入や維持管理・操作の外部委託にあたっては、計画書を提出していただき、国が事前審査を行う内容ですが、「中小企業への負担が大きい」と批判する報道もありました。対象事業を『政令』で絞り込み、対象設備を主務省令で定め、対象事業者を主務大臣が指定する作業を経て、運用開始に至りました。

中国籍研究員の逮捕と起訴から感じること

令和五年（二〇二三）六月十五日に、「国立研究開発法人産業技術総合研究所」（以下、産総

研）の中国籍研究員が『不正競争防止法』違反の容疑で警視庁公安部に逮捕され、七月五日に起訴されました。

中国籍研究員は、産総研の技術情報を無断で漏洩《ろうえい》し、自身が関与する複数の中国企業を通じて、中国で多数の特許出願をしていた疑いがあるということでした。

私は、「これは、氷山の一角ではないか」と感じました。

中国籍研究員の不審な行動に疑問を抱いた産総研が、警視庁と協力して、長期にわたって内々に注意深く調査を続けてきた結果、逮捕に至ったのです。当該研究員は、中国在住の親の介護を理由に何度も出入国を繰り返していたということですから、途中で調査に気づかれ出国・逃亡されてしまっていたら、身柄の確保はできませんでした。むしろ、産総研のチェック体制が機能した結果です。

産総研は、経済産業省が所管する国立研究開発法人ですが、日本には、国立研究開発法人が二十七法人もあります。それらの法人の所管は、経済産業省、総務省、文部科学省、国土交通省、農林水産省、厚生労働省、環境省、内閣府と、八つの府省に分かれています。

二十七の国立研究開発法人の常勤職員数は、合計で約二万六千人。

そのうち、外国籍の常勤職員数は、二十六法人に千百九十四人です。ちなみに中国籍の常勤職員数は、二十二法人に三百六十二人だと聞いています（いずれも令和五年〈二〇二三〉七月時点の人数）。

国立研究開発法人や大学等の研究機関は、国家基盤プロジェクトへの参画等を通じて我が国の重要課題に取組んでいますから、より徹底した情報管理や「研究インテグリティ（研究者及び大学・研究機関等における研究の健全性・公正性）」の確保が求められます。

六月十五日に逮捕の一報を受けて、「他の国立研究開発法人でも、気づいていないだけで、類似事案が発生している可能性はあるだろう」と思いました。

よって、まずは科学技術政策担当大臣の立場でできることを考え、内閣府の職員に指示を致しました。

六月二十日朝の閣僚懇談会では、各所管大臣に対応へのご協力をお願いし、同日中に二十七の国立研究開発法人を所管する各省の担当局長宛に、私の名前で「研究インテグリティの確保の徹底」を要請する通知を発出しました。

六月二十九日には、改訂した『研究の国際化・オープン化に伴う新たなリスクに対するチェックリスト（雛形）』を添付した「研究インテグリティの確保のためのリスクマネジメントの仕組み整備の重要性」に関する事務レベルの通知も発出しました。

また、同二十九日には、国立研究開発法人の理事長等が集まる「国立研究開発法人協議会」の総会の場で、内閣府の職員から研究インテグリティの確保や情報管理について徹底を依頼する機会をいただきました。

同協議会の場では、あくまでも私の判断で、参考資料として、中国の『国家情報法』の条文も配布してもらいました。『国家情報法』では、いかなる組織及び公民も国家情報工作に協力する義務を負い、国は協力した個人と組織を保護することになっています。同法は公開情報ですし、国立研究開発法人のマネジメント層の皆様に他国の法律を知ったうえで留意していただくことも重要だと考えたからです。

中国籍研究員の逮捕以降、多くの皆様から、「国立研究開発法人で外国人研究員を雇わないようにする法律はつくれないのですか?」という旨のご質問もいただきました。

たとえば、『外務公務員法』(外交官等)は、日本国籍に限定しています。

『国家公務員法』には、国籍要件はありませんが、『人事院規則』で「日本の国籍を有しない者」は採用試験を受けられないこととなっていますので、原則として外国人は日本の国家公務員にはなれません。

しかし、『独立行政法人通則法』には、国籍要件はありません。

日本の研究開発力の強化のためには、卓越した外国人研究員の能力の活用が必要です。日本人研究員に採用を限定すると、同盟国や同志国の優秀な研究員の招聘《しょうへい》や共同研究もできなくなってしまいます。

だからこそ、各研究機関において、情報セキュリティの強化も含め、重要情報をしっかり守れる体制を整え、取組を徹底していただかなくてはならないのです。

まずは現行法の周知徹底を

二十七の国立研究開発法人のいわゆる『設置法』は、「秘密保持義務」と「罰則」を規定しています。

たとえば、中国籍研究員が逮捕された産総研の設置法である『国立研究開発法人産業技術総合研究所法』の第十条の二は「研究所の役員及び職員は、職務上知ることのできた秘密を漏らし、又は盗用してはならない。その職を退いた後も、同様とする」と規定しています。同法第十四条は、「第十条の二の規定に違反して秘密を漏らし、又は盗用した者は、一年以下の懲役又は三十万円以下の罰金に処する」と規定しています。ちなみに、国立研究開発法人によって、法律に定める罰金の額は異なります。

各法人のマネジメント層が、採用時に、日本人も外国人も含めて全ての職員に『設置法』を徹底して理解してもらう取組を実施してくださることも有効だと思います。

また、『不正競争防止法』は「営業秘密侵害罪」と「罰則」を規定しています。「営業秘密侵害罪」は、有用な「技術上」又は「営業上」の情報の侵害です。罰則は「十年以下の懲役若しくは二千万円以下の罰金（又はこれの併科）」であり、海外重罰として、罰金が「三千万円以下」と重くなっています。

ただし、『不正競争防止法』の適用には「営業秘密」の要件を満たす必要があります。「秘密として管理されていること」「有用な技術や営業上の情報であること」「公然と知られていないこと」です。

研究開発法人に加えて、企業や大学等のマネジメント層が、重要技術について、同法の要件を満たす管理体制を実施することも有効だと思います。

令和三年（二〇二一）四月二十七日に、政府の「統合イノベーション戦略推進会議」で『研究活動の国際化、オープン化に伴う新たなリスクに対する研究インテグリティの確保に係る対応方針について』が決定されました。

このなかで、「所属機関における対応に関する取組」として「大学・研究機関等が、所属する研究者の人事及び組織のリスク管理として必要な情報（職歴・研究経歴、兼業等の所属機関・役職、当該機関外からの研究資金や研究資金以外の支援及び当該支援の相手方）の報告・更新を受けるとともに、そのための利益相反・責務相反をはじめ関係の規程及び管理体制を整備し、報告・更新を受けた情報に基づき、産学連携活動における利益相反・責務相反管理と同様に、適切なリスクマネジメントを行えるよう、政府は以下の取組を行う」とされています。

政府の取組としては「研究者、大学・研究機関等に対する説明会やセミナーを開催し、国内外における新たなリスクと想定される事例や、研修におけるチェックリストの説明等を含む具体的な対応取組例の共有等も行いながら、理解醸成を促す。【内閣府、文部科学省等】」「本対応方針に基づき、所管する大学・研究機関等に、関係の規程や管理体制の整備の必要性に関する周知・連絡を行うとともに、関係者の負担に配慮し所要の支援を行う。【大学・研究機関等の所管府省】」と記されています。

今回は、産総研の事件を受けて『研究の国際化・オープン化に伴う新たなリスクに対するチェックリスト（雛形）』を速やかに改訂して、七つの所管官庁宛に発出するところまでの対応をしましたが、はたしてこれで十分なのかといえば、そうは思えません。

令和三年（二〇二一）四月に政府で決定した『研究活動の国際化、オープン化に伴う新たなリスクに対する研究インテグリティの確保に係る対応方針について』は、法律ではありません。

国立研究開発法人のみならず、税金が入っている大学や大学院においても遵守《じゅんしゅ》していただくべき『対応方針』ではありますが、マネジメント層の意識によっては十分な対応がなされていない学術機関もあるかもしれません。大学については、文部科学省がフォローアップ調査をしています。

内閣全体と与党の合意に加え、各大学等の御理解が必要ですから、ハードルは高いのですが、個人的には、リスク対応を義務付ける法律が必要な時代になってきていると考えています。

第5章

高まるセキュリティ・クリアランスの重要性

セキュリティ・クリアランス制度創設の意義

閣議決定までの長い道程

令和六年（二〇二四）五月十日、「経済安全保障版セキュリティ・クリアランス（SC）制度」を創設するための新法『重要経済安保情報の保護及び活用に関する法律』（略称『重要経済安保情報保護活用法』）が成立し、五月十七日に公布されました。

制度創設に向けた決意を表明したのが令和四年（二〇二二）八月十日に経済安全保障担当大臣に就任した時でしたから、悲願達成までに約一年九カ月を要しました。

ご理解とご協力を賜った多くの与野党国会議員の皆様、制度設計にお力添えを賜った有識者会議の皆様、国際的に通用する制度にするために必要な情報提供をしてくださった同盟国・同志国の皆様、政府全体としての合意が得られるか否かも不明だった時期から粘り強く法整備に向けた作業に携《たずさ》わってくださった官僚の皆様、全国各地から応援のお手紙やメールを賜った皆様に、深く感謝を申し上げます。

新法は「公布の日から起算して一年を超えない範囲内において政令で定める日から施行する」（一部は公布日から施行）とされています。できる限り早期の全面施行を目指して、『政令』や『運用基準』の案を作成したく、作業はまだまだ続きますが、頑張ります。

新法成立までの道のりは決して平坦ではありませんでした。

『重要経済安保情報保護活用法案』は、「重要広範議案」となったことから、三月十九日の衆議院本会議で、私が趣旨説明を行った後、総理と私に対する質疑が行われて審議入りしました。

三月二十二日から同法律案が付託された衆議院内閣委員会で熱心に御審議を続けていただき、四月五日には一部修正の上、同委員会で可決、四月九日の衆議院本会議で賛成多数で可決していただき、同法律案は参議院に送付されました。

最も八ードだったのが四月一日の週でした。一日（月）は朝から夕方まで参議院の決算委員会に張り付きでしたが、二日（火）、三日（水）、五日（金）は、衆議院の委員会で同法律案に関する質疑への答弁が続きました。

特に火曜日と金曜日は、早朝に閣議や閣議後記者会見をこなしてから委員会室に入りますので、前夜から当日未明にかけて答弁書のチェック（修正作業を含む）を行うと、睡眠時間が二〜三時間程という日が続きました。

内閣府は政府全体の総合調整を担う機関ですから、答弁の内容については関係省庁との調整が必要なのだそうで、答弁書の作成には驚く程の時間がかかります。

二十四時を過ぎてからも断続的に受信する答弁書に目を通しながら、「午前五時五十分に起きて入浴や化粧をするとなると、このペースで受信していると、睡眠は三時間程になるのかな？お肌に悪いなぁ。肝心の委員会答弁時に頭が回転するのかなぁ」等と、主に肌荒れの心配をしつつ、過ごしていました。私は、朝も夜もお風呂で長めに湯船につかる習慣がありますので、これを短縮すれば睡眠時間は増やせるのですが。

私などよりも大変な日々を頑張ってくださったのは、内閣官房の職員たちや大臣室の秘書官たちです。完全徹夜に近い状態で帰宅もできず、大臣室に仮眠用の寝袋を持ち込んで床に寝ていた秘書官も……。

そのような苦労を重ねて、ようやく法律が成立したことは感無量です。

「セキュリティ・クリアランス」制度とは何か

そもそも「セキュリティ・クリアランス制度」とは何か……ということですが、これは、「国家における情報保全措置」の一環です。

「政府が保有する安全保障に関する重要情報」を政府が指定することを前提に、「当該情報にアクセスする必要がある者（要はneed to knowの人）」に対して、「政府による調査」を実施し、「信頼性の確認（適性評価）」により、情報を漏らすおそれがないと認められた者（セキュリティ・クリアランス・ホルダー）が、当該重要情報を取扱うという制度です。

厳格な情報管理や提供のルールを定め、当該情報を漏洩・不正取得した場合には罰則を科すことが通例です。

併せて、民間事業者に対して政府から重要情報が提供される場合には、情報保護のために必要な施設整備を設置していること等、政府との契約に定めたことを守っていただく必要があります。

これまで、日本に存在した唯一の「セキュリティ・クリアランス制度」は、激しい反対運動の中で安倍晋三元総理が内閣の命運を懸けて成立させた『特定秘密保護法』を根拠とするものでした。

各行政機関の長等が指定する「特定秘密」を扱う必要がある公務員や一部の民間事業者の中で、「本人が同意した場合」にのみ、各行政機関の長が「調査」と「適性評価」を行い、「特定秘密」の取扱いができることとしています。

『特定秘密保護法』の制定によって、日本の情報保全制度に対する信頼性が高まり、同盟国・同志国との情報共有が、格段に円滑になったと聞いています。

当時の菅義偉《すがよしひで》官房長官は「核心に迫る情報が得られるようになった」とコメントしておられました。

しかし、『特定秘密保護法』では、「防衛」「外交」「特定有害活動（スパイ活動等）の防止」「テロリズムの防止」の四分野に関する一定の要件を満たす情報のみが保全対象であり、経済安全保障に関する情報は明示的に保全の対象にはなっていません。

他方、米国、英国、フランス、イタリア、オーストラリア等、日本の同盟国や同志国の情報保全制度を見てみると、「外交」「軍事」「防諜」「治安」等、一定程度は日本の『特定秘密保護法』でも対応可能な分野に加えて、国家安全保障に関連するものとして「科学」「技術」

「経済」「産業」「インフラ」「システム」等、国によって差異はあるものの、セキュリティ・クリアランス対象情報の分野が幅広いのです。

ドイツは「公共の利益のため、特に連邦又は州の福祉を保護するために秘匿する必要のある事実、物又は知見」としており、カナダは「各省の判断により、個々の分類及び指定を実施」としているので、運用によっては対象情報が広範になります。

世界的に、安全保障の概念が「外交」や「防衛」という伝統的な領域から「経済」や「技術」の分野に拡大しているからでしょう。

対象情報の分野が幅広いことによって、諸外国では多くの国家公務員や民間人がセキュリティ・クリアランスを保有しています。

『特定秘密保護法』に基づく「信頼性確認」を経てセキュリティ・クリアランスを保有している日本人は、最新資料（『特定秘密の指定及びその解除並びに適性評価の実施の状況に関する報告』令和六年〈二〇二四〉六月版）では、令和五年（二〇二三）末時点で十三万五千四百七十九人です。公務員が十三万七百四人、民間人は四千七百七十五人だけです。

同法では「防衛」「外交」「特定有害活動の防止」「テロリズムの防止」の四分野のみが対象なので、行政機関との契約に基づいて特定秘密の取扱い業務を行うことができる「適合事業者」の従業者のうち、セキュリティ・クリアランスを保有しておられる民間人のほとんどが、防衛装備庁、防衛省、内閣官房の仕事に携わる方々です。

他方、米国のセキュリティ・クリアランス保有者は、日本の約三十倍にあたる四百万人以上です。公務員が約七割、民間人が約三割だと言われています。これは、令和五年（二〇二三）五月時点の数字ですが、百二十万人以上の民間人がセキュリティ・クリアランスを保有していると思われます。

ほかの主要国でも、数十万人以上の国民がセキュリティ・クリアランスを保有していま す。

各国では、防衛装備品そのものではなくても、防衛・軍事用途にも活用可能なデュアル・ユース技術の管理が厳格化される傾向にあり、セキュリティ・クリアランスを保有していなければアクセスできない情報が増えているのだと考えられます。

これらの分野の技術を用いた製品・商品・サービスの開発を、日本企業が外国の企業と共同で行おうとした場合に、相手方が当たり前に触れている技術情報に日本企業がアクセスできないといった事態が起きていました。

日本企業から切実な声が続々とあった

日本企業は優秀な技術を持っているにもかかわらず、ほとんどのビジネスパーソンや技術者はセキュリティ・クリアランスを保有していないため、国際ビジネスの現場において不利益が顕在化しました。

私自身や経済安全保障政策を担当する職員たちは、有識者会議の場や個別の場において、企業からヒアリングを行ってきました。

自社の営業先を知られたくない企業もあることから匿名を条件に、電機、自動車、工作機械、化学、宇宙分野等のメーカーや商社等から、率直なご意見をいただきました。

そこでうかがったお声は、切実なものでした。

「装備品とは関係ない国際共同開発において、セキュリティ・クリアランス保有者がいなかったために、CUI（Controlled Unclassified Information：機密指定には至らないが適切に保護すべき情報）の開示を受けるまでに長い時間を要し、しかも契約に至らなかったことがある」

「宇宙分野の海外政府からの入札に際し、セキュリティ・クリアランスを保有していることが（入札の）説明会の参加要件になっていた」

「デュアル・ユース技術に関する会議に参加する際、『Clearance Holder Only』であるセミナー・コミュニティがあるが、これらに参加できず、最新のデュアル・ユース技術に触れることができない」

「米国政府からの入札に関しては、説明会の参加要件がセキュリティ・クリアランスを保持していることであり、そこから先にアクセスできなかった経験はある。おそらく軍の運用方針等に係《かかわ》るからであろう。しかし、そのあたりは会社としても不要な情報であり、政府経由でも良いから、会社として必要な情報だけ共有されるような仕組みがあれば良かったと思う」

「自社開発製品に海外からの機微な技術が搭載された際は、自社にセキュリティ・クリアランス保有者がいなかったため、自社製品であるにもかかわらず、双方で十分な情報交換ができなかった」

「ある海外企業からビジネスの協力依頼があったが、機微な内容だということで十分な情報が得られなかった。政府間の枠組みの下で、それぞれセキュリティ・クリアランスを保有している者同士で共同開発等ができれば、より踏み込んだ情報が得られたのではないか」

「ファイブ・アイズ間では情報保全制度が比較的似ているため、『〇〇相当のクリアランスを保有している』ことが共通言語として役立っていると思う。他方、こうした共通言語を持たない日本は、最初から同じ土俵に立てていない印象」

外国の政府調達に日本企業が参加したい場合には、現地法人を設立して、セキュリティ・クリアランスを保有する当該国の国籍を持つ従業員を雇用して対応しておられたのです。

企業ヒアリングでは、次のようなお声もうかがいました。

「セキュリティ・クリアランスを保有する現地従業員には守秘義務がかかるため、日本人の経営陣には情報が共有されない。一方で、何か問題が起きた場合には、日本の本社の責任にされてしまうのではないか」

「仮に事業が進み、メンテナンス等の対応が必要になった場合に、セキュリティ・クリアランスを有していない現地や本社の日本人技術者がかかわれないとすれば、どう対応していけば良いのか」

「将来の顧客として想定される各国の政府関係者との意見交換について、現地でセキュリティ・クリアランス保有者が対応した内容については、日本に共有されない。将来、情報共有の観点から日本だけ取り残されることを懸念する。将来的な案件の組成を考えると、情報共有できるような何らかの仕組みが必要だと感じる」

民間企業間の取引であって、政府から秘密情報が提供されない場合でも、セキュリティ・クリアランスを求められることがあります。

一例として、米国のIT企業の関連業務を日本国内で日本企業が請け負った時に、当該米国企業の機微な情報を扱う日本企業の施設や区域に日本企業の従業員が立ち入るに当たり、米国企業からは、当該施設や区域が「日本国内の日本企業」であったにもかかわらず、立ち入る者のバックグラウンドチェックを求められたとうかがいました。日本企業は、個人情報保護や人権への配慮も踏まえた上で、当該米国企業が指定する第三国の調査会社に調査を依頼することで対応したということでした。

今後、こうしたケースは、経済安全保障を巡る環境が厳しさを増す中で、さらに増えるでしょう。日本人従業員の信頼性確認を、相手国企業からの指示や第三国の調査会社の調査に全て委ねるということが続いて良いはずはないと思います。

このほかにも、次のような期待のお声もうかがいました。

「さまざまなサイバーセキュリティ・インシデントが起きている中で、政府側や諸外国が保有しているさまざまな情報が共有されれば、個々の企業のセキュリティ・レベルの向上、ひいては我が国全体のセキュリティ・レベルの向上にもつながる」

「セキュリティ・クリアランス制度の導入によって、将来的に、例えば衛星・AI・量子、Beyond 5Gといった次世代技術の国際共同開発に関する機会が拡充してくるのではないか。一方、次世代技術は、いわゆるデュアル・ユース技術であり、厳格な情報管理がなされないと、国際的な連携に日本企業が入れなくなり、事業の機会を失うおそれがある」

同レベルの制度整備が信頼の証に

原則として、各国ともにセキュリティ・クリアランスは「自国民」に付与することが基本です。

仮に『重要経済安保情報保護活用法』によって、日本政府が保有する重要経済安保情報を扱えるセキュリティ・クリアランスを保有したとしても、それは外国政府が付与するセキュリティ・クリアランスではありません。

それでも、同盟国・同志国間では「互いに、各分野において自国と同レベルの情報保全制度が整備されていることをもって、相手国政府や相手国の国民を信頼して、分野別に重要な情報の共有を行う」ということになるのです。

『特定秘密保護法』が定める四分野に係るセキュリティ・クリアランスも、日本政府による信頼性確認ですが、それでも、同レベルの情報保全制度が整備されたことによって、友好国との間で機微な情報のやり取りが可能になりました。

外国政府が「日本には、しっかりした情報保全制度があるから」ということで、日本政府経由で、セキュリティ・クリアランスを保有する日本の技術者に外国政府が保有する機微な技術情報が共有されるようになると、新しい製品やサービスの開発に携わる道が拓《ひら》けます。

また、日本政府のお墨付きとも言えるセキュリティ・クリアランスを保有していることをもって、外国企業からも「信頼できる日本人だ」とみなされて、その外国企業独自の重要な技術情報も、提供されるようになるでしょう。

反対に、世界各国で次世代技術の開発が進む中で、日本の国としての経済安全保障分野における情報保全への信頼度が下がれば、ＢtoＢ（企業間取引）でも今以上に情報が得られなくなっていくおそれが大きいと思います。

だからこそ、日本でも、世界の技術革新のスピードに後れを取らないようにセキュリティ・クリアランス対象情報の分野を適切に設定し、「主要国との間でも認められる制度」を創設することによって、日本企業の国際的なビジネスチャンスを格段に拡げることが可能だと考えました。

これが、私が「経済安全保障版のセキュリティ・クリアランス制度の創設が必要だ」と主張し続けてきた理由だったのです。

反対意見に対しても誠実に対応

一方で、懸念の声もたくさんうかがいました。

『重要経済安保情報保護活用法案』が衆議院で審議入りする前の参議院予算委員会で、同法律案に反対の議員からご質問を受けました。「プライバシーの侵害」「国が個人情報を集めること」への懸念が、同議員の大きな問題意識だと感じました。

適性評価（信頼性確認）のための調査の項目は、法律案に明記されています。

- **重要経済基盤毀損《きそん》活動との関係（家族及び同居人の氏名、生年月日、住所、国籍、前国籍を含む）**
- **犯罪及び懲戒の経歴**
- **情報の取扱いに係る非違の経歴**
- **薬物の濫用及び影響**
- **精神疾患**
- **飲酒についての節度**
- **信用状態その他の経済的な状況**

民間の方が適性評価のための調査を受ける場合、その対象となるのは「国が指定した重要経済安保情報の提供を受ける意思を示し、国と契約を締結して重要経済安保情報の提供を受けようとする企業で、重要経済安保情報を取扱う仕事をする必要がある従業員の方々」のみです。

重要経済安保情報は「政府が保有する重要経済安保情報」ですから、企業が自ら開発した技術情報等は対象外です。

ある日突然、国の職員が企業の営業秘密等の情報を「重要経済安保情報に指定します」等と言いに来ることはありません。

よって、政府が保有する重要経済安保情報にアクセスする必要がない人やアクセスを希望しない人に対して調査を行うことはありません。

また、政府が保有する重要経済安保情報の取扱いを自ら希望された企業の従業員についても、適性評価のための調査を受けるに当たっては「ご本人の同意」が大前提です。ご本人の意思に反して調査を実施することはあり得ません。

真の同意を得るために、あらかじめご本人に対して、どのような項目について調査が行われるのかを含めて、同意の判断に必要な事項が知らされます。

従業員は、同意を拒否することもできます。

そして、従業員が調査に同意しなかった場合、適性評価の結果セキュリティ・クリアランスを得られなかった場合にも、重要経済安保情報を扱う業務に就けないことは仕方ないとしても、不合理な配置転換をする等の「不利益取扱い」は禁止されます。

また、国が調査した従業員の個人情報は、雇用主にも伝えない仕組みにしました。企業に通知されるのは、当該従業員がセキュリティ・クリアランス保有者になったか否かという「適性評価」の結果のみです。

以上は、法律案に「評価対象者が同意しなかったこと、適性評価の結果及び調査で取得する個人情報は、重要経済安保情報の保護以外の目的のために利用し、又は提供してはならない」と、「目的外利用や提供の禁止」を盛り込んで、担保することにしました。

あくまでも、最新技術を扱う国際共同研究に参加したい、重要経済安保情報を取扱う日本の政府調達に参加したい、海外におけるビジネスチャンスを拡げたいと考え、セキュリティ・クリアランスの保有を希望する方々に道を拓く法律です。

それらのニーズがない方々には、何の心配もしていただく必要はありません。

防衛省による「特定秘密」の漏洩事案

実はセキュリティ・クリアランスに関して、残念な報告がありました。令和六年（二〇二四）四月二十六日、防衛省から「特定秘密」の漏洩《ろうえい》事案二件が公表され、その時には、絶望的な気分になりました。

よりによって、経済安全保障分野の情報保全制度を新設する『重要経済安保情報保護活用法案』が参議院内閣委員会で審議されていた最中でした。

また、『特定秘密保護法』の施行以来、各省庁では「情報業務」や「秘密保全業務」を推進し、実績を積み上げてきており、我が国に対する国際的な信用が増し、同盟国・同志国から非常に機微な核心に迫る情報が得られるようになっていました。

さらに、四月に読売新聞社が公表した世論調査では「日本が防衛力を強化することに、賛成ですか、反対ですか」という問いに対して「賛成」と回答された方が七一％に上っており、国民の皆様の安全保障に対する関心が過去に例を見ないほど高くなっていることを感じた直後でしたから、残念でなりませんでした。

令和二年（二〇二〇）、令和四年（二〇二二）十二月に海上自衛隊で発生していた「特定秘密」漏洩事案が公表され、当時の浜田靖一防衛大臣が苦労して再発防止策を取りまとめられ、私も、「特定秘密」保護制度の事務所管大臣として、防衛省が作成した『再発防止策』を各省庁に横展開する等の対応を行いました。

当時も、そもそも漏洩から公表まで二年以上も要したことが問題だと思っていましたが、令和六年（二〇二四）四月に公表された海上自衛隊の漏洩事案発生時期は令和四年（二〇二二）六月以降、陸上自衛隊の漏洩事案発生時期は令和五年（二〇二三）七月だということでした。

海上自衛隊の護衛艦「いなづま」における漏洩事案は、当時の上司が「特定秘密」の取扱資格（セキュリティ・クリアランス）を保有していない隊員に「特定秘密」を取扱わせていたというものでした。令和六年（二〇二四）二月になって、同護衛艦の幹部から海上幕僚監部に当該隊員の特定秘密取扱資格に関する照会があったことによって認知されたものでした。

陸上自衛隊北部方面隊における漏洩事案は、「特定秘密」の取扱資格を持つ部隊指揮官が、訓練時に指示・伝達を行う際に「特定秘密」を含む内容を部下隊員たちに話してしまったということでした。本件は、令和五年（二〇二三）十二月に防衛省本省に内部からの情報提供があったことにより、認知されました。

両件とも外部への情報漏洩がなかったことは幸いでしたが、漏洩事案発生の疑いを防衛省が認知してから公表までに時間がかかり過ぎています。防衛省の内部調査に時間を要したということでした。

事実関係の見極めを慎重に行うことも重要ですが、早期に問題点を共有し、是正すべき点があれば直ちに是正することもまた、組織全体、政府全体の情報保全の観点からは重要なことです。国会への早期報告も求められています。

四月二十六日の二事案公表後、木原稔《みのる》防衛大臣は、速やかに防衛省・防衛装備庁・自衛隊の幹部に対して再発防止のための大臣指示を発出されました。

防衛省では、類似事案の有無に関する調査や再発防止の徹底に向けて、作業を続行し、その後、多くの事案が公表されました。

再発防止のために

私は、五月八日に、官邸で内閣保全監視委員会（委員長は私、副委員長は政務・事務の三人の内閣官房副長官、委員は各省庁の次官・長官等）を開催し、不適切事案に関して対策を指示しました。

その後、五月十五日に開催された情報保全諮問会議（老川祥一《おいかわしょういち》座長をはじめ有識者七人、政府側は総理をはじめ閣僚や内閣情報官等で構成）にも、報告を行いました。

自衛隊の漏洩事案を受けて教訓とするべき事項、つまり反省点は、幾つかあります。

第一のポイントは、部内における情報共有であっても、「知らせてはならない職員」に秘密を知らせることは、極めて重大な違反行為であるとの理解が、現場において十分ではなかったように感じられることです。

第二のポイントは、エラー防止のための基本動作が履行されていないことです。

つまり、行き違いが生じやすい「人事異動時の注意」が不足しているということ。また、多重チェックの要《かなめ》であるはずの「定期点検」が十分に機能していないということ等、管理体制のあり方が問われています。

各省庁の事務方トップに対して私から指示したことは、次の通りです。

第一に、「情報保全に必要な管理体制」が確立されているか、適切な方法により再点検すること。

第二に、要すれば、「是正措置」を講ずること。

第三に、今回の事案の教訓事項を盛り込んだ「保全教育」を、必要な職員に対して、漏れなく着実に実施すること。

第四に、「事案認知時の迅速な対処」。適切なタイミングで、私や内閣情報調査室に相談をすること。

同盟国・同志国においても、トップシークレット（機密）、シークレット（極秘）、コンフィデンシャル（秘密）級の情報漏洩事件は発生していますが、当該国の情報保全制度に対する国際的な信頼を失わせないために肝心なのは、事後の対応です。

漏洩した場合に国の安全保障に支障を与える可能性があるレベルの情報を取扱う方々には、自らが扱っている情報の重要性を再認識していただくことが必要だと考えています。

「特定秘密」漏洩等の最高刑は「十年の懲役」です。新法による「重要経済安保情報」漏洩等の最高刑は「五年の拘禁刑」です。とても重い罰則ですが、いずれも国や国民の皆様の安全にかかわる重要な情報だからです。

防衛省の類似事案の有無に関する調査を通じて漏洩事案の報告は増えましたが、政府においては、情報保全教育を繰り返し着実に実施し、人事異動時の秘密取扱資格の確認を怠らない等、再発防止に向けた取組を徹底してまいります。

第6章

日本国家を守るために

能登半島地震にみる政府の「危機管理」と「初動対応」

「初動対応」の流れ

令和六年（二〇二四）は余りにも辛く悲しい年明けになってしまいました。

一月一日十六時十分に、石川県能登半島で大地震が発生し、甚大な被害が発生しました。人的・物的な被害は、令和に入って最大級のものとなりました。

一月二日には、被災地に物資を輸送しようとしていた海上保安庁の航空機事故により、五名の海上保安庁職員が殉職されました。

お亡くなりになった多数の方々の御霊に哀悼の誠を捧げ、御遺族の皆様にお悔やみを申し上げるとともに、負傷された方々、被災された方々に、心よりお見舞いを申し上げます。

そして、発災直後から、消火活動、人命救助や捜索活動、救援物資の輸送、ライフラインの復旧、避難所のお世話や医療・福祉の支援等、各所でご尽力いただきました多くの皆様に敬意を表し、感謝を申し上げます。

政府では、発災一分後の十六時十一分に「官邸対策室」が設置されました。

私が居る内閣府でも、同時刻に「内閣府災害対策室」が設置され、二十時には、石川県庁に「内閣府調査チーム」を派遣しました。同日中に古賀篤副大臣が石川県入りして、以降、五月末までずっと被災自治体と政府との連絡調整役を続けてくれました。

一月六日のユーチューブ『高市早苗チャンネル』で、各府省庁別に担当しているその項目をお伝えしたら、「参考になったので、文字にしてほしい」というお声を多数お寄せいただきましたので、ここに書き残しておきましょう。

①「官邸対策室」の設置
②「総理指示」（官邸対策室設置と同時の場合もある）
③「緊急参集チーム」の協議
④（必要に応じ）「関係閣僚会議」
⑤（総理の判断で）「非常災害対策本部」の設置

⑥「非常災害対策本部会議」の開催

⑦各府省に設置する「災害対策本部」での対応（省議メンバーへの大臣指示、情報共有等）

「緊急参集チーム」とは？

発災後、最初に協議を行う「緊急参集チーム」は、全体の取り纏《まと》め責任者が内閣危機管理監で、関係府省庁の局長級で構成されています。

「緊急参集チーム」のメンバーは、普段から、官邸や府省庁に近い「危機管理宿舎」に居住しています。

招集がかかってから三十分以内に集合することが基本です。通常、三十分後を目途に「緊急参集チーム」の協議が始まります。

公用車やタクシー等の手段で移動するとされていますが、夜間や早朝や休日には公用車のドライバーの出勤は困難ですし、首都直下地震ならタクシーも利用できないでしょうから、その場合は徒歩か自転車での集合になっているようです。

〈閣僚参集の基準〉

・「首都直下地震（東京二十三区内で震度六強以上）」の場合＝全閣僚が「官邸危機管理センター」に自動参集。

・「東京二十三区内で震度五強以上の地震が発生した場合」又は「その他の地域（東京都の二十三区外・他の道府県）で震度六弱以上の地震が発生した場合」＝まず、「緊急参集チーム」は自動参集。総理の判断で、必要に応じ「関係閣僚会議」や「非常災害対策本部」が設置され、関係閣僚による会議を開催。

毎年、私たち閣僚は、宿舎から官邸まで徒歩で移動し、速やかに初動の会議を開く訓練を受けています。

これまでの経験では、特に、消防・情報通信・地方自治等を所管する総務大臣だった約四年間は、常に神経が休まりませんでした。

毎晩、枕元に公用スマホを置いて寝るのですが、自然災害や大規模火災の発生時には、公用スマホに連絡が来ます。飛び起きて、十分間程で洗顔や着替え等、支度を整え、官邸参集なのか総務省への登庁なのか、秘書官からの連絡を待ちます。登庁不要となっても、翌朝までリモートで各部局から被災状況と復旧状況の連絡を受け続けることになります。

基本的に全閣僚が同様の態勢ですが、特に、防衛大臣（自衛隊）、総務大臣（消防庁）、国土交通大臣（海上保安庁）、国家公安委員長（警察庁）等、実働部隊を所管する閣僚は、夜間も週末も緊張感が途切れることはないと思います。

各府省庁のミッション

災害発生時には、速やかに、関係府省庁から被災地に、リエゾン（災害対策現地情報連絡員）を派遣します。リエゾンは、被災状況や被災自治体のニーズを把握し、法律や支援制度の知識も活かしながら、さまざまな機関との調整を行います。

リエゾンは、一般的には、内閣府防災担当が審議官級、他の省庁が課長・室長級か、課長補佐級とされています。

ただし、能登半島地震では、内閣府防災担当以外にも、総務省や厚生労働省、経済産業省、国土交通省、環境省等、多くの省庁が、審議官級の職員を派遣しました。

平成二十八年（二〇一六）四月に、同じく最大震度七を記録した熊本地震（安倍内閣）の時には、主に局長級と審議官級が派遣されました。

リエゾン派遣府省庁は、内閣府、防衛省、警察庁、総務省、消防庁、財務省、文部科学省、厚生労働省、経済産業省、国土交通省、海上保安庁、気象庁、国土地理院、農林水産省、環境省です。

初動は、人命救助最優先のフェーズで、発災から概《おおむ》ね三日間から一週間程度だとされます。その後、次のフェーズに移行していきます。

紙幅の関係で、初動フェーズの取組を●で、次のフェーズの取組を○で、関係省庁ごとにまとめてリストアップし、表にまとめましたのでご一覧ください（166〜169ページ）。能登半島地震に関しては、表にまとめた以外の追加的な支援も実施されました。

ご紹介した各府省庁の基本的な動きに加え、大規模自然災害が発生した場合には、「被災者生活・生業再建支援チーム」を組織し、関係府省庁が一体となって、『被災地の生活と生業の再建に向けた対策パッケージ』を取りまとめることとなっています。

同チームの設置については、令和二年（二〇二〇）度から『防災基本計画』に明記され、ルール化されました。

基本的には、「被災者生活・生業《なりわい》再建支援チーム」は、初動以降のフェーズで設置される

内閣府防災担当
●「非常災害対策本部」等、官邸の会議開催
● 情報収集（避難所の状況等）
●『災害救助法』の適用
○ 被災者生活再建支援金の支給（最大300万円）
○ 災害弔慰金や災害障害見舞金の支給
○ 災害援護資金の貸付
○『激甚災害』の指定検討
○ 罹災証明書の交付
○ 避難所の運営支援
○「被災者生活・生業（なりわい）再建支援チーム」の開催

消防庁
● 情報収集（人的、物的被害等）
● 各地方公共団体との連絡調整
● 各消防本部との連絡調整
●「緊急消防援助隊」の派遣調整

総務省
● 情報収集（通信施設、放送施設、郵便局の被害等）
● 情報通信途絶の状況把握とその復旧（民間事業者への協力要請含む）
● 災害対策用移動通信機器や移動電源車の貸与
● 被災地への応援対策職員（他の自治体の公務員）の派遣調整
○ 普通交付税の前倒し交付
○ 特別交付税による財政支援
○ 地方税の減免措置等（地方公共団体の長が、条例で定めるところにより、地方税の申告・納付等の期限の延長、徴収の猶予、地方税の軽減免除等の措置を行う）
○ NHK受信料の免除

警察庁
● 情報収集（人的被害等）
● 各都道府県警察本部との調整
●「広域緊急援助隊」の派遣調整

防衛省
● 情報収集（航空機による情報収集含む）
● 自衛隊の災害派遣（救助、物資の輸送、啓開〈けいかい〉、被災者支援活動等）
● 航空機による患者の輸送、各府省庁リエゾンの被災地への輸送

国土交通省
● 情報収集（インフラや交通機関の被害等）
● 交通機関の運行状況の把握
○ 応急的な住まいの確保（応急仮設住宅の供与・公営住宅等の確保）と空室情報の提供
○ 被災者の住宅に関する相談窓口の設置、現地相談実施への支援
○ 住宅金融支援機構による低利融資
○ 宅地内の土砂の迅速な撤去
○ 被災した観光地の観光需要・経済活動の回復や風評被害の払拭
○ 災害復旧（河川・道路等復旧、急傾斜地崩壊対策、がけ崩れ対策）
○ 迅速な災害復旧のための査定前着工の活用や「TEC-FORCE」（緊急災害対策派遣隊）による支援

気象庁
● 地震や津波、今後の気象見通し等の情報収集と分析
●「JETT」（気象庁防災対策支援チーム）の派遣

海上保安庁
● 情報収集（巡視船艇や航空機による情報収集含む）
● 支援物資の輸送

経済産業省
● 情報収集（電力、ガスの被害等）
● 停電地域の把握と、事業者に対する電源車の派遣要請
● 被災地・避難所への物資の供給（事業者や業界団体と連携して支援体制構築）
○ 電気料金の災害特別措置
○ 中小・小規模事業者の生業再建支援（特別相談窓口の設置、金融支援、財政支援等）

原子力規制庁
● 情報収集（原子力施設の被害）

厚生労働省
● 情報収集（水道、医療機関、福祉施設の被害等）
● 医療機関の開設状況の把握と情報共有
● 「DMAT」（災害派遣医療チーム）や「DPAT」（災害派遣精神医療チーム）の活動の総合調整
● 断水地域の把握と給水車派遣の連絡調整
● 宿泊関係団体への被災者宿泊支援に関する協力要請
○ 仮設住宅に入居する被災者の見守り・相談支援等
○ 被災者向けの特別の金融支援
○ 被災者の相談支援
○ 医療保険制度等における一部負担や保険料の軽減措置
○ 被災地域の特別の雇用対策
○ 中小・小規模事業者の支援等
○ 災害復旧（医療施設、水道施設、社会福祉施設）

農林水産省
● 情報収集（農林漁業施設の被害等）
● 被災地・避難所への食料の供給（事業者や業界団体と連携して支援体制を構築）
○ 農林水産業者への生業再建支援（被災施設等の復旧、金融支援、財政支援）
○ 災害復旧（農地・農業用施設、農林水産業共同利用施設、山林・林道、漁港）
○ 迅速な災害復旧のための査定前着工の活用や「MAFF-SAT」（サポート・アドバイスチーム）による支援

金融庁
● 情報収集（金融機関の被害や開設状況）
○ 金融機関に対する金融上の措置の要請（日本銀行と連名で預金の払戻時の柔軟な取扱いや貸出金の返済猶予の条件変更対応等を要請）
○ 貸金業者からの借入手続等の弾力化
○ 義援金口座への振込みに係る手数料の無料化

環境省
● 情報収集（災害廃棄物の発生状況等）
○ 宅地内の廃棄物の迅速な撤去
○ 災害復旧（廃棄物処理施設）

文部科学省
○ 学習・就学支援（災害により家計が急変し修学が困難となった学生に対する授業料減免や給付型奨学金、学習支援や心のケア等に必要なスタッフの配置等）
○ 災害復旧（学校施設、文化財）

環境省
○ 国税に関する申告や納付等の期限の延長
○ 納税者の実情に応じた申告相談等

こととなっていますが、能登半島地震では、迅速な対応を行うため、発災翌日の一月二日に同チームが立ち上げられました。

対策本部の〝外〟から見えた課題

能登半島地震に関して、私は「非常災害対策本部」への参集を求められる閣僚ではないので発言の機会がなく、もどかしく思うことも多々ありました。

他の役所の取組について介入することは越権行為になりますが、特に発災直後は、人命にかかわることについてのみ、所管大臣の側近職員にお伝えして、検討をお願いしていました。

一月三日早朝には、全国から二千人の緊急消防援助隊が石川県入りしていたものの、道路寸断により陸路で珠洲《すず》市や輪島市に入ることが困難で待機中と聞き、自衛隊の協力による海路や空路からの人員や重機の輸送方法の検討をお願いしました。

防衛省には、海上自衛隊の輸送艦を能登半島沖合に早期展開できないのか検討してほしい旨、陸上自衛隊のCH-47（チヌーク：垂直離発着が可能なロータ式大型輸送ヘリ）で小型重機（三～四トンなら輸送可能）を吊り下げ空輸することによって、倒壊家屋からの被災者救出ができないか検討してほしい旨等……。

私の所管分野（経済安全保障・科学技術政策・宇宙政策）の中で、今後の自然災害や国防上の有事等に備えて「取組を急ぐべきだ」と痛感したことも、いくつかありました。

被災地の避難所では、「水がない」「灯油がなくて寒い」「服用している薬が切れた」「着替える下着がない」「生理用品がない」「紙おむつがない」と困っておられる方々のお声が報じられていました。

大臣秘書官に「軽量物資の輸送ならドローンを使えないのか、各物資所管省庁に確認してほしい」と依頼しました。

ところが、一月二日十二時から、国土交通大臣により、『航空法』第百三十二条の八十五に基づく「無人航空機の飛行禁止区域」が指定され、能登半島全域に対し、ドローン等の無人航空機の飛行が原則禁止されたということでした。

捜索や救難活動等を行う有人ヘリコプターの妨《さまた》げにならないようにするためでした。確かに、東日本大震災の際には、一日に最大三百機の有人ヘリコプター（自衛隊、消防、警察、海保、報道等）が被災地の上空を飛行していましたから、高度制限をかけてはいても、多数のドローンの飛行は悲惨な航空事故を招く恐れがあります。

ただし、ドローンについては、国、または地方公共団体による依頼により、捜索、または救助を行う者は特例で、適用が除外されていました。日が経つにつれ、ドローンを活用した薬の配送や電波供給も開始されました。

第3章で記しましたが、私が所管している『経済安全保障推進法』に基づく「経済安全保障重要技術育成プログラム」(略称:「K Program」)では、ドローンに関する研究開発に着手しており、災害対応等を念頭に置いた代表的なものを三件、紹介します。

第一に、「**小型無人機を含む運航安全管理技術**」です。

有人機の安全運航管理システムとしては、現在、持ち込み型端末を多種多様な航空機に搭載し管理するシステム(D-NET:災害救援航空機情報共有ネットワーク)が運用されています。しかし、D-NETは有人機のみを対象としており、有人機とドローンを含めた運航安全管理技術はまだ整備されていません。

そのため、ドローンの利用に際しては、衝突等、安全性の懸念から、有人機と無人機の空域を分けた運用が行われているのです。

そこで「小型無人機を含む運航安全管理技術」を、「K Program」で支援対象とする「重要技術」としました。

第二に、「**小型無人機との信頼性の高い情報通信技術**」です。

現在、ドローンの制御、テレメトリー（通信によって遠隔地の計量器が計測したデータを自動的に読出し、収集すること）、情報伝達には、主に無線通信が用いられています。

しかし、長距離・広範囲利用等を想定した場合には、利用可能範囲、電波環境影響、送信出力等に課題があります。

そこで「小型無人機との信頼性の高い情報通信技術」も、「Ｋ Ｐｒｏｇｒａｍ」で支援対象とする「重要技術」としました。

以上の二件は、すでに令和五年（二〇二三）十月三十一日に採択が公表されています。

これらの研究開発成果が社会実装されますと、有人機とドローンの間において、衝突回避に必要な飛行情報やリアルタイムの捜索状況等の情報共有を行うことができるようになります。

災害時等に、要救助者の有人機による救助活動と多数のドローンによる捜索活動を同時並行して行うこと、迅速に効率良く救援物資を運搬すること等、有人機とドローンが同時並行的に任務を実施することができるようになります。

第三に、「**災害・緊急時等に活用可能な長時間・長距離等の飛行を可能とする小型無人機技術**」です。

日本の企業で開発・販売が行われているドローンについては、長距離運航可能な固定翼型であっても、現状の最長飛行時間は一～一・五時間、搭載可能重量は五キログラム以下に留まっています。

そこで、「災害・緊急時等に活用可能な長時間・長距離等の飛行を可能とする小型無人機技術」と「長距離物資輸送用無人航空機技術の開発・実証」も、「Ｋ Ｐｒｏｇｒａｍ」で支援対象とする「重要技術」としました。

前者は、すでに令和五年（二〇二三）五月三十一日に採択が公表され、後者は、令和六年（二〇二四）五月二十二日に採択が公表されました。

これらの研究開発成果が社会実装されると、ドローンに水や食料等、多量の救援物資を搭載して、被災地に素早く飛行することができるようになります。また、長時間にわたって継続して要救助者の捜索活動を行うことも可能になると思います。

令和の情報コントロール対策

次の課題として、偽情報対策があげられます。

残念なことですが、「ディスインフォメーション（偽情報）」と呼ばれる信憑性《しんぴょうせい》に欠けた情報がインターネット上に流布《るふ》され、社会に影響を及ぼすような事例が増加しています。

特に、大規模自然災害や戦争等、緊急時における偽情報は、人命にかかわります。

その対処については、議論や研究開発が実施されてはいるものの、抜本的な技術の体系化はなされていません。

そこで「**偽情報分析に係る技術**」を、「K Program」で支援対象とする「重要技術」としました。

最新の技術動向やユースケースを調査し、必要な技術の特定を行いつつ、「偽情報の検知と脅威の評価に資する要素技術」の開発、「システム化技術」の開発を行う予定です。

この研究開発の成果が社会実装されると、情報加工の有無の見極め、情報発信時点の不自然性や情報の組合せによる事実の歪曲《わいきょく》等、エビデンスを踏まえた判定分析・評価ができるようになります。

インターネットやSNSに流布された偽情報に対して、「打ち消し報道」や「政府による真情報の発信」等の対処をする上で、その判断のための支援ツールが整うことを期待しています。

衛星データは能登半島地震においても被災状況の把握に欠かせないものでした。

JAXAが運用する大型SAR（合成開口レーダ）衛星「だいち2号」は、発災日の一月一日二十三時から被災地の撮像を続け、そのデータは、国土交通省や内閣府防災担当等に提供されました。このデータを活用し、国土地理院は、輪島市西部では最大約四メートルの隆起があったと解析しました。

日本国内の小型衛星ベンチャー各社にも、大変な御協力を賜りました。

アクセルスペース社は、一月二日に自社の小型光学衛星を活用して撮像し、公開しました。海岸が隆起した様子が分かりました。

QPS社は、一月三日と四日に自社の高解像度小型SAR衛星を活用して撮像し、発災前後の珠洲市の比較を含めて公開しました。土砂崩壊の様子が分かりました。

シンスペクティブ社も、一月七日から数日かけて、自社の小型SAR衛星で撮像に取組んでくださいました。

国内各社は、国土交通省や防災科学技術研究所等にも、データを提供してくださいました。

さらにパスコ社が、一月二日に、フランスの衛星事業者の光学衛星「プレアデス・ネオ」の撮像結果を公開され、建物の倒壊状況が分かりました。

他方、人工衛星による撮像は、航空写真に比べ、機数を増やすことで即応性を向上させることや、発災前のアーカイブデータを蓄積することが必要だという課題もあります。

宇宙政策を担当する閣僚としては、災害や国防上の有事への備えとして、情報収集力の強化と情報通信の継続性の確保が重要だと考えています。

「夜間や悪天候でも撮像可能なSAR衛星の機数を着実に増やし、SAR衛星コンステレーション（多数の人工衛星を連携させ一体的に運用するシステム）を実現すること」

「衛星データ利用システムの開発・実証を推進すること」

「光通信技術を用いた通信衛星コンステレーションを実現すること」

を目標に、頑張ってまいります。

『復興庁設置法』改正に期待

能登半島地震発生の翌日、一月二日午前の岸田文雄総理の記者会見時に、「総理の被災地入りの予定」を尋ねておられた記者がいました。

人命救助最優先の発災直後に、総理や閣僚が被災地の視察に出向くことは、厳に慎まなければなりません。

現地では、総理や閣僚の警護のために、自らも被災者であろう大勢の警察官が警護計画をつくり、警護にあたらなければなりません。特に、令和四年（二〇二二）に安倍元総理の銃撃事件が発生して以降は、閣僚の警護も行き過ぎだと感じるほど厳重です。

報道各社も同行されることから、被災地では、緊急対応の手を止めて、見せ場をつくる作業も求められます。

東日本大震災の時、当時の総理が、事故を起こした直後の東京電力福島第一原子力発電所に出向かれたことがありました。

最悪の事態を防ぐべく命懸けで闘っていた発電所の職員たちも、総理が来られるとなると、さまざまな受け入れ態勢をつくらなければなりません。

当時、初動フェーズの人命救助のために応援に駆け付けていた県外の警察官たちも、土砂を掘り起こしていた持ち場を離れて、急遽、発電所に移動するように指示されたそうです。総理の滞在時に、線量計を付けて発電所周辺で作業する警察官の姿が「絵になる」という理由だったと、福島県に派遣されていた警察官は怒っていました。

私も、総務大臣在任中には、熊本地震や数次の水害の被災地を訪問しましたが、いずれも、初動フェーズが終わって相当の日数が経過するまでは待ちました。

それでも、被災地にうかがってみると、作業中の消防職員をわざわざ集合させた消防幹部から「大臣から激励の言葉をかけてあげてください」と言われて恐縮したり、ごった返している町役場の片隅で疲れ切った顔の町長から地方交付税のご要望を受けたり……と、常に申し訳ない思いで一杯でした。

とはいえ、実際に被災現場を見たことによって、私自身が地域の防災対策の改善や総務省における新しい施策の構築に活かせた事例もありました。百聞は一見に如かずです。

総理が早々に駆け付けることで、安心感を持たれる被災者の方々もおられるのかもしれません。

しかし、大規模自然災害発生後の総理や閣僚の被災地入りのタイミングや視察場所は、「現地に余分な負担をかけないこと」を原則に決められるべきだと思います。

能登半島地震の被災地を岸田総理が視察されたのは、一月十四日でした。あるテレビ番組で、八割近い人が「遅過ぎる」と回答したと報じていましたが、私は、現地の方々に配慮したタイミングだったと思います。

能登半島地震への対応では、土屋品子復興大臣が「非常災害対策本部」の構成メンバーでないことが、残念でなりませんでした。

『復興庁設置法』第三条が規定する復興庁の任務は、「東日本大震災からの復興に関する行政事務」ですので、現在では、岩手県、宮城県、福島県の復興を担《にな》うのみ（主に福島県）となっています。

復興庁には、創設以来、被災地復興のノウハウが十分に蓄積されています。

個人的には、『復興庁設置法』を改正して、全ての被災地の復興について、強い権限を持つ官庁にするべきだと思っています。

もちろん、東北地方の復興が疎《おろそ》かになってはいけません。十分な予算と人材を備えた官庁として、これまでの知見を他の被災地でも活かしていただきたいのです。同法に定める復興庁の設置期限（令和十三年〈二〇三一〉三月三十一日）も撤廃し、恒久化するべきだと考えます。

私には権限のないことですので、これ以上は私見を書けませんが、一月十六日には、岸田総理に法改正検討のお願いを致しました。復興庁の復権拡大については、令和三年（二〇二一）九月の自民党総裁選挙出馬表明記者会見でも、私が力説していたことです。

能登半島地震が一月一日に発生したことから、お正月に親と過ごす時間を楽しみに故郷に帰省しておられた方の中にも、命を落とされた方々や、親御さんを失った方々がおられました。

帰省してきた子供たちが、目の前で亡くなってしまったという親御さん。倒壊した自宅の下から親御さんの声が聞こえていたのに、自力では救出できないまま火の手が迫ってしまったことを悲しむ息子さん。

生きたかったのに、生きられなかった方々の無念。当たり前だった御家族との日常を、瞬時に失ってしまった方々。

かけがえのない命の重みと、一日一日を愛《いと》おしんで生きることの大切さを、多くの皆様が感じられたのではないでしょうか。

時が経っても、深い悲しみが癒《い》えることはないと存じますが、皆様とともに応援を続けてまいります。

震災後は、食事をするのが苦痛になり、無理に笑顔をつくろうとすると顔が引きつるようになってしまいました。被災者の方々の苦悩に思いを致しますと、私がこのような状態では駄目だと、何度も気合いを入れ直して、自らの担務に励んでいました。

そのような中でも、台湾の蔡英文《さいえいぶん》総統（当時）による「日本有事はつまり台湾有事です」「頑張れ、日本！」という力強いメッセージ（一月五日のX）や台湾の皆様からの多額のご寄付に、心の中がポカポカ温かくなるような感触も覚えました。

住まいを失った方々も多く、健康被害も深刻でした。可能な限り早期の「住居の用意」が必要です。さらには「損壊したインフラの復旧」や「地域産業やコミュニティの復興・振興」へと、長い道のりですが、内閣も与野党各党も力を合わせて、懸命に取組んでまいりたく存じます。

一日も早い法案成立を

経済界が夫婦別氏制度導入を要望

安倍晋三元総理が何度も仰っていたことがありました。

「選択的夫婦別氏だけどさ、あれは駄目だよ。高市さんが法務部会に提出している法案を早く成立させればいいんだよ」

私が自民党政調会の法務部会に提出した法律案というのは、『婚姻前の氏の通称使用に関する法律案』のことです。

この法律案では、戸籍上の夫婦親子の氏が同一であること（ファミリー・ネーム）は維持しつつ、「婚姻前の氏を通称として称する旨の届出をした者」について、「国、地方公共団体、事業者、公私の団体」は「婚姻前の氏を通称として称するために必要な措置を講ずる責務を有する」としたものです。

この法律案を、平成十四年（二〇〇二）と、令和二年（二〇二〇）の二回にわたって法務部会に提出しましたが、一回目は、「戸籍の氏も住所も別々にするべきだ」といった強烈な反対意見が出て党議決定には至らず。二回目は、審査もされないまま放置されています。

私は、足掛け約四年の総務大臣在任期間の後半〈令和元年〈二〇一九〉九月からの約一年間〉で、『住民基本台帳法』『地方自治法』『公職選挙法』『消防法』『放送法』『電気通信事業法』をはじめ総務省が所管する全法令をチェックし、資格や各種申請等、事務手続に戸籍氏しか使えなかったものを、全て婚姻前の氏の単記か併記で対応できるように変更しました。

総務省単独の判断で変更できたものだけでも、合計千百四十二件でした。

仮に全府省庁が総務省と同じ取組を実施し、地方公共団体や公私の団体や企業も同じ取組を実施すれば、婚姻による戸籍氏の変更によって社会生活で不便を感じることはなくなると考えます。

例えば、金融庁や厚生労働省。

私自身の経験では、銀行の預金通帳でしたが、婚姻前の氏のままで使える銀行と戸籍氏につくり直すよう求める銀行が混在していました。

数年前に年金受給者の方からうかがった話ですが、通称使用届を出して戸籍氏と婚姻前の氏が併記された住民票を提示したのに、厚生労働省の方針として「戸籍氏の通帳でなければ年金を振り込めない」とされ、通帳をつくり直したということです。

こういった所管府省庁によってバラバラの対応が残っている現状を改善するためにも、私が起草した法律案によって、「国、地方公共団体、事業者、公私の団体」が「婚姻前の氏を通称として称するために必要な措置を講ずる責務を有する」ことを明確にするべきだと思っていました。

令和六年（二〇二四）六月、経団連会長が「選択的夫婦別氏制度の導入」を要望する「提言」を公表されました。報道で知る限りの理由は、働く女性の不便解消や国際社会での活躍のためにということらしいのですが、まずは前記したような法整備を行うということでは不十分でしょうか。

すでに、マイナンバーカード、パスポート、運転免許証、住民票、印鑑登録証明書は、戸籍氏と婚姻前の氏の併記が可能になっています。士業・師業と呼ばれる国家資格のほとんどで、免許証等への婚姻前の氏の単記や併記が可能になっています。

国際社会での活躍についても、同氏や別氏だけではなく、複合氏を使う国もあれば、氏が無い国もあり、さまざまです。

「子の氏の安定性」への懸念

最近は、「夫婦別氏制度」の導入に賛成する政治家は「改革派＝善」、反対する政治家は「守旧派＝悪」といったレッテル貼りがされているように感じますので、私のような考え方は変だと思われる方も多いのかもしれません。

私が選択的であったとしても「夫婦別氏制度」の導入に慎重な姿勢を続けてきた最大の理由は、「子の氏の安定性」が損なわれる可能性があると思うからです。

現行制度では、婚姻届を提出した夫婦の戸籍は全て同氏ですから、子も出生と同時に両親と同氏になることが確定しています。

法改正によって戸籍上も別氏の夫婦が出現した場合、子の氏の決め方について、「全ての別氏夫婦が納得できるルール」が必要になります。

仮に「別氏夫婦が子の氏を取り合って、協議が調わない場合」には子の氏が定まらないので、『戸籍法』が規定する「出生の届出は、14日以内」というルールも見直す必要があるのではないでしょうか。

これまでに衆議院に提出された「夫婦別氏制度」の導入を可能にする『民法の一部を改正する法律案』（立憲民主党案）を拝見すると、「別氏夫婦の子は、その出生の際に父母の協議で定める父又は母の氏を称する」「協議が調わないときは、家庭裁判所は、協議に代わる審判をすることができる」とされています。

同法律案でも、別氏夫婦が子の氏を取り合って決められないケースを想定しているわけですが、果たして、この争いを持ち込まれる家庭裁判所は、一体どのような判断基準で審判を行うのでしょうか。

離婚の際に子の親権を争う裁判でしたら、法律に判断基準は明記されていないものの、過去の裁判例では「子を養う経済力」「子と過ごす時間を確保できるのか」「子とのかかわりや愛情」「子の年齢によっては子の意思」「健康状態」「教育・居住環境」等の要素を総合的に考慮して判断されているようです。

しかし、出生直後の子の氏を争っている場合、家庭裁判所が如何なる審判をしたとしても、夫婦双方が納得できる理由を示すことができるとは考えられません。

裁判官、検事、法務省大臣官房審議官としても活躍された小池信行弁護士は、「夫婦の協議で決まらないときの補充的な決定方法を定めておく必要がある」として、スウェーデンでは「出生から三カ月以内に決まらないときは母の氏を称するとしている」ことを例示しておられました。

私は、幸せであるはずの出産直後に、子の氏を巡る争いの種をつくることを、特に懸念していました。

「夫婦別氏制度」の導入を求める方々からは「余計なお世話だ」と批判されるのでしょうが……。

世界に誇れる日本の戸籍制度

「そもそも、戸籍制度を廃止するべきだ」と主張される方々もおられますが、私は、日本の「戸籍制度」は、世界に誇れる見事なシステムだと思っています。

戸籍は、重要な身分関係を明確にするために、血族・姻族・配偶関係を記載した公簿です。新戸籍と旧戸籍の双方に相手方戸籍を特定表示することから、相手方戸籍を相互に索出でき、両戸籍を連結する記載が可能で、無限の親族関係の広がりを証明することができます。よって、戸籍の「公証力」は、非常に強いものです。

例えば、遺産相続の分割協議手続では、「隠れた法定相続人」の存否を確認するため、死亡者の戸籍謄本を全て遡《さかのぼ》ることによって親族関係を確定できます。重要な契約事も、戸籍で証明するものが多くあります。

この他、戸籍は、近親婚の防止、婚姻要件の調査、出生、死亡、離婚、任意認知、母子家庭の児童扶養手当、障害児童の特別児童扶養手当、母子父子寡婦福祉資金貸付、戦没者遺族に対する特別弔慰《ちょうい》金、成年後見の申立手続、家事調停事件手続等、さまざまな場面で行政・司法の基礎となっています。

二十年以上婚姻関係を継続している夫婦間で居住用不動産を贈与した時の配偶者控除の制度でも、戸籍によって、二十年以上に及ぶ婚姻関係を把握し立証します。

「他国に例を見ない戸籍制度だから、廃止するべき」なのではなくて、「他国に誇れる極めて優れた制度だから、守り抜くべき」だと考えています。

第7章

中国の理不尽なやり方に屈してはならない

日本の安全保障環境は世界で最も厳しい状況に

備えを急ぐ必要性を痛感

ある若い議員が声をかけてくださったことがありました。

「（高市）政調会長（当時）が令和三年（二〇二一）の総裁選で訴えておられたことの重要性が、ロシアのウクライナ侵略によって、ようやく理解できました」

令和三年（二〇二一）の総裁選時に出版した著書『美しく、強く、成長する国へ。私の「日本経済強靱化計画」』（ワック）では、エネルギー安全保障の必要性と情報通信ネットワークやデバイスの省電力化研究への投資、食料安全保障の必要性と厳しい気候に耐え得る農業・土木建築技術への投資、サイバー防御体制の樹立と高度化、国防力の強化等について記し、総裁選の討論会でも、「リスクの最小化に向けた備え」の必要性を訴えました。

令和四年（二〇二二）二月にロシアの侵略によって勃発《ぼっぱつ》したウクライナ戦争によって、私たちは、国際社会の厳しい現実を目の当たりにしました。「国連安保理の拒否権」を持つ国が「外交」を支配すること、「核兵器」を持つ国が「軍事」を支配すること、「資源」を持つ国が「経済」を支配することです。

そのいずれも持たない日本。ところが隣国は、すべてを持っているロシアと中国です。世界最多の核兵器を保有するロシア、核弾頭の保有数が十年間で五倍増と見込まれる中国（米国防総省の分析）、核実験とミサイル発射を繰り返し強行している北朝鮮と、三方を囲まれた「世界有数の核兵器の最前線に国土を構えている」という地政学的な環境から目を背けずに、国家を守らなければなりません。

実際に中国・ロシア・北朝鮮の関係は急速に深化しています。これら三つの国・地域に隣接する日本の安全保障環境は世界で最も厳しいものであることを、決して忘れてはならないと思います。改めて、「備えを急ぐ必要性」を痛感しました。

また、東シナ海を挟んで向かい合う日中両国の間には、さまざまな問題があります。力による一方的な現状変更の試み、ロシアとの連携も含む中国の我が国周辺での軍事活動の活発化は日本を含む地域と国際社会の安全保障上の深刻な懸念事項です。

日本周辺海空域全体で見ると、特に中国軍の艦艇・航空機によるものが活発化しています。中国の海軍艦艇による日本領海内航行が確認されました。無人機を含む航空機の活動も活発で、航空自衛隊による緊急発進の回数もこの十年は高い水準で推移しています。

中国海警船舶も、累次にわたり尖閣諸島周辺の日本の領海に侵入し、日本漁船に接近しようとする動きを見せています。日本の領海内で独自の主張をする海警船舶の活動は、明らかな国際法違反です。

令和二年（二〇二〇）、人民武装警察の権限や任務を規定する『中国人民武装警察法』が改正され、「海上権益擁護法執行」が武装警察の任務として明記されました。

令和三年（二〇二一）には、中国海警局の海上権益擁護のための法執行の任務等を規定した『中国海警法』が施行されました。同法には「曖昧な適用海域」や「武器使用権限」等、国際法との整合性の観点から問題がある規定が含まれているとして、日本政府は深刻な懸念について中国側に伝えました。

二つの法律を見ても、日本漁船が日本の領海内で安心して操業できるような状況にはありません。

中国軍も、当該海空域における活動を質・量ともに急速に拡大・活発化しています。中国海軍潜水艦が潜水航行をし、戦闘艦艇が尖閣諸島周辺の我が国接続水域を航行する等、当該海空域における行動を一方的にエスカレートさせており、強く懸念される状況が続きました。

尖閣諸島は、歴史的にも国際法上も我が国固有の領土であり、現に日本はこれを有効に支配しています。尖閣諸島をめぐって解決すべき「領有権の問題」は、そもそも存在しません。

中国が尖閣諸島に関する独自の主張を始めたのは、昭和四十六年（一九七一）以降です。国連機関による調査の結果、東シナ海に石油埋蔵《まいぞう》の可能性があるとの報告書が昭和四十四年（一九六九）五月に発表され、尖閣諸島に国際的注目が集まってから後のことです。

東シナ海における日中間の排他的経済水域（ＥＥＺ）と大陸棚の境界が未画定である中で、中国側は、新たな構造物の設置等、一方的な開発行為を継続しています。

東シナ海の日中の地理的中間線の西側において、令和四年（二〇二二）五月以降、新たに二基の構造物の設置が確認されました。設置が確認された構造物は、現時点（令和六年〈二〇二四〉六月末）で合計十八基です。

日本政府は、関連動向を把握するたびに、中国側に対して強く抗議し、東シナ海資源開発に関する日中間の協力に関する『二〇〇八年合意』に基づく国際約束の締結交渉の再開に早期に応ずるよう、強く求めています。

『二〇〇八年合意』とは、平成二十年（二〇〇八）六月、日中双方が、東シナ海の排他的経済水域及び大陸棚の境界画定が実現するまでの過渡的期間において双方の法的立場を損なうことなく協力することにつき一致したもので、次の項目です。

①北部海域における共同開発を行うこと
②日本法人が中国の国内法令に従って、白樺《しらかば》（中国名：「春暁《しゅんぎょう》」）の現有の油ガス田における開発に参加すること
③これら①②の実施に必要な『二国間合意』及び『交換公文』を早期に締結すべく努力すること
④東シナ海のその他の海域における共同開発をできるだけ早く実現するため、継続して協議を行うこと

『二国間合意』と『交換公文』については、平成二十二年（二〇一〇）七月に第一回交渉を行い、交渉の早期妥結を目指すことで一致していましたが、同年九月には、中国側が交渉の「延期」を一方的に発表しました。日本側から繰り返し交渉再開を求めていますが、現在まで交渉は再開されていません。

違法「ブイ」を撤去できないのか

令和五年（二〇二三）七月、日本の海上保安庁が、東シナ海の地理的中間線東側の日本のＥＥＺに「ブイ」の存在を確認しました。付近を航行する船舶の安全を確保するため、七月十五日に「航行警報」が発出されました。

日本のＥＥＺにおいて我が国の同意なく構築物を設置することは、『国連海洋法条約』の関連規定に反する行為です。日本政府は、「ブイ」の存在を確認後、速やかに外交ルートを通じて中国側に対して抗議し、即時撤去を求めました。

外務省に、日本政府として違法に設置された「ブイ」を撤去することはできないのかと、問い合わせをしました。

『国連海洋法条約』には、「構造物の撤去」に関する規定がないため、日本政府による撤去が違法にならないかどうか、政府として慎重に検討中だということでした。

あくまでも個人的な見解ですが、同条約に「構造物の撤去」に関する規定がないのであれば、日本政府が撤去をしても違法ではないだろうと思いました。日本のEEZ内を航行する船舶の安全を守る方が重要です。むしろ、日本が積極的に『国連海洋法条約』に「違法構造物の撤去」に関する規定を追加するよう加盟国に働き掛けをする契機だと考えます。

その後、南シナ海でも、同様の事件が発生しました。

令和五年（二〇二三）九月二十六日のCNNの報道は、次の通りでした。


《フィリピン当局は二十五日、南シナ海で中国がフィリピン漁船を妨害するために浮かべた障害物を撤去したと発表した。

フィリピンの沿岸警備隊が同日公開したビデオには、南シナ海のスカボロー礁で、フィリピンのダイバーたちが漁船から飛び込み、ブイをつなぐロープを小さなナイフで切断する場面が映っている。

南シナ海では長年、フィリピンと中国が領有権を争ってきた。スカボロー礁はフィリピン北部ルソン島の西方沖約二百キロに位置し、豊かな漁場として知られる。

フィリピン当局は二十四日、中国海警局の船三隻と海上民兵の船一隻が全長三百メートルの障害物を設置したと発表していた。

沿岸警備隊は二十五日の声明で、障害物が航行に危険を及ぼし、国際法に違反し、フィリピンの主権を侵害したと非難した。

中国側は二十五日、スカボロー礁での主権を改めて主張した。

フィリピンの沿岸警備隊は先週、中国の海上民兵が南シナ海のパラワン島付近でサンゴ礁を破壊したとの主張を展開した。中国外務省は「根拠のないうそ」として、これを否定していた》

岸田総理が目指しておられた「建設的かつ安定的な日中関係」の構築に向けて、総理は最大限の外交努力を続けてこられたのだろうと思います。

しかしながら、現在の日中間にはあまりにも多くの課題が存在します。

前記した尖閣諸島等を巡る状況、ＥＥＺを含む日本近海への弾道ミサイルの発射、邦人拘束事案、中国の人権問題とサプライチェーンの関係、経済的威圧と思われる行為、日本産水産物の輸入停止等。

内閣官房、外務省、防衛省、海上保安庁等、関係省庁が緊密に連携して、中国の動向を注視しています。

「付近を航行する船舶の安全の確保、警戒監視に万全を期す」

「日本の領土・領海・領空を断固として守り抜くとの考えの下、主張すべきは主張しつつ、毅然《きぜん》かつ冷静に対処していく」

「日本のEEZや大陸棚において、日本の主権的権利及び管轄権を侵害する行為が行われる場合、断じて認めることはできず、国際法及び国内法令に従って適切に対応していく」

というのが、日本政府の方針です。

中国の法整備の動向についても、引き続き注視していく必要があるでしょう。

また、令和六年(二〇二四)六月にも、中国の海洋調査船が日本の大陸棚に当たる四国南方の公海上にブイを設置したことが確認されました。置かれた場所は日本最南端・沖ノ鳥島の北側に位置する、EEZに囲まれた四国海盆付近の海域です。

香港・台湾——日本がすべきこと、できること

「中国化」が進む香港——増大する投資リスク

中国の『国防動員法』『国家情報法』『会社法』『反スパイ法』等は、懸念される点につき、高市早苗公式サイトのコラム、ユーチューブの「高市早苗チャンネル」、拙著『美しく、強く、成長する国へ。』等で、順次、発信を続けてきました。

日本国内でも、中国共産党の党員が3人以上いる企業や学校や研究所では、『会社法』と『中国共産党規約』に従って、中国共産党組織を設置しなければならないのだ。

（『美しく、強く、成長する国へ。』98頁より）

日本の国家安全保障、重要技術の流出防止、中国に滞在する日本人の方々の安全を守るために、少しでも多くの方に知っていただきたいと思ったからです。

令和六年（二〇二四）三月二十三日に発効した香港『国家安全維持条例』については、すでに各メディアが取上げ、読者の皆様もご存じのことと思いますが、あえて書かせていただきます。

もともと平成二年（一九九〇）四月に制定された『香港基本法』は、香港政府に対して関連法の制定を要請していました。

『香港基本法』第二十三条は、次のように規定しています。

「香港特別行政区は、国に対する謀反、国家を分裂させる行為、反乱を扇動する行為、中央人民政府の転覆《てんぷく》、国家機密窃取《せっしゅ》のいかなる行為も禁止し、外国の政治組織・団体が香港特別行政区内で政治活動を行うことを禁止し、香港特別行政区の政治組織・団体が外国の政治組織・団体と関係を持つことを禁止する法律を、自ら制定しなければならない」

平成十四年（二〇〇二）から平成十五年（二〇〇三）にかけても、同法第二十三条に基づく法制化に向けた動きはありましたが、平成十五年（二〇〇三）七月一日に大規模デモがあり、法制化は頓挫《とんざ》していました。

ところが、令和二年（二〇二〇）六月三十日、第十三期全人代常務委員会第二十回会議で、『香港国家安全維持法』が制定・公布、即日施行されました。

翌令和三年（二〇二一）三月には、香港の選挙制度に関する『香港基本法』の規定の変更により、「愛国」が必要条件となるように変更され、民主派や現状維持派は立法会（議会）から一掃されてしまったと報じられました。

令和五年（二〇二三）十二月十八日、習近平・国家主席に業務報告を行った香港の李家《りか》超《ちょう》・行政長官が、記者会見で「習主席に対し、『香港国家安全維持法』を補完する『国家安全維持条例』を令和六年（二〇二四）中に制定する旨を報告した」と発言しました。

年が明け、香港では、令和六年（二〇二四）一月末から一カ月弱のパブリックコメント期間を経て、三月八日には、『国家安全維持条例』の草案が公表されました。

立法会では、即日一読が行われ、二読が開始され、三月十九日に三読を終え、同条例案は「全会一致」で可決しました。

条例草案の公表からわずか十一日で、立法会で可決成立したのですから、驚きました。可決後、李行政長官が、三月二十三日に同条例が発効する旨を発言しました。

同条例は、次の九部（全百九十条）で構成されています。

①前言
②国家反逆等
③反乱、反乱・離反の扇惑、扇動的意図のある行為等
④国家秘密及び間諜（スパイ）活動に関する犯罪
⑤国家安全に危害を与える破壊活動等
⑥国家安全に危害を与える域外干渉及び国家安全に危害を与える活動に従事する組織
⑦国家安全の維持に関する法執行権力及び訴訟手続等
⑧国家安全を維持するメカニズムと関連保障
⑨関連する条例の改定

同条例によって維持しようとする「国家安全」とは、「国家の政権、主権、統一及び領土保全、国民の福利、経済社会の持続的発展及び国家のその他の重大な利益について相対的に危険がない、内外の脅威を受けていない、持続的な安全な状態が保障されている能力」とされています（第四条）。

最高刑は無期懲役で、対象は、国家反逆罪、反乱、中国軍のメンバーに反乱するよう扇惑する、国家安全に危害を与える破壊活動です。

「扇動的意図」（中国公民、香港永久居民または香港に居住する者の中国の基本制度や香港の憲政秩序等に対する憎悪や蔑視《べっし》、離反を煽るもの）から、扇動的意図をもつ行為を行うこと、扇動的意図をもつ文書を公表（出版物の印刷、発行、販売、頒布《はんぷ》、展示、複製）、輸入、所持等する場合には、懲役三年〜十年に処されるとされています（第二十二条〜第二十四条）。

「国家秘密」を不法に取得、所持、開示等した場合には、懲役五年〜十年に処されるとされています（第二十九条〜三十五条）。

ここで言う「国家秘密」とは、次の通りです。

・中国・香港特別行政区の事務における重大な政策決定に関する秘密
・中国の国防建設又は中国軍に関する秘密
・中国の外交・外事活動に関する秘密、香港特別行政区の対外事務に関する秘密又は中国・香港特別行政区が対外的に守秘義務を負っている秘密
・中国・香港特別行政区の経済・社会発展に関する秘密

・中国・香港特別行政区の技術開発・科学技術に関する秘密

「間諜活動」を行った場合には、懲役十年～二十年に処されるとされています（第四十一条）。

ここで言う「間諜活動」の該当活動例は、次の通りです。

・禁止地域（当該条例上、防衛施設、軍事制限区域、無線通信装置等が設置されるよう設計されている地域等とされている）への接近、検査、上方若しくは下方の通過、立入り若しくはアクセス又は禁止地域の周辺に存在すること（電子的又は遠隔の手段を含む）

・域外勢力に直接的又は間接的に利用されることを意図した情報、文書その他の物品を入手、収集、記録、作成若しくは所持等すること

・域外勢力と結託して、国家安全に危害を与える意図をもって、虚偽又は誤解を招くような事実の論述を公衆に公表すること等

「域外情報組織」（域外勢力によって設立され、情報工作又は他国・地域に対する転覆・破壊活

動に従事する組織）に関して、国家安全に危害を与える意図をもって、または国家安全に危害を与えられるかを気にすることなく関連する行為を行った場合には、懲役十年～十四年に処されるとされています（第四十七条）。

そして、多くの犯罪行為について、「域外適用」が想定されています。

「本条例が定める犯罪行為は、香港特別行政区内のすべての人に適用される。犯罪行為が域外における法的効力を有する場合、その域外法的効力は関連部分に規定される」（第九条）としています。

各国政府が懸念を表明

令和六年（二〇二四）三月十九日に同条例案が香港の立法会でスピード可決された当日から翌日にかけて、各国政府は懸念を表明しました。

英国のデーヴィット・キャメロン外相は、同年三月十九日に、次のような声明を発表しました。

「国家安全保障と外的干渉の広範な定義は、香港に住み、香港で働き、香港でビジネスをする人々を困難にする。香港で活動する外交団を含む国際機関にとっては、確実性を提供できない」

「香港の新しい国家安全保障法の全体的な影響は、香港で享受されている権利と自由がさらに損なわれるということである。それは、英中共同声明や市民的及び政治的権利に関する国際規約を含む、香港の拘束力のある国際的義務の履行を損なうものである。私は香港当局に対し、基本法に謳《うた》われている権利と自由を尊重し、高度な自治と法の支配を堅持し、国際的な約束と法的義務に従って行動するよう求める」

米国でも、三月十九日に、国務省副報道官が、次のように述べられました。

「この法案で説明されている表現や犯罪の多くは、定義が曖昧で、信じられないほど漠然としていると考えている。域外干渉等という言葉を使っているが、これは信じられないほど漠然としている」

「我々は、この法案を分析し、米国市民だけでなく、私たちが有するほかの米国の利益に対して、どのような潜在的なリスクがあるのかを検討している」

「私が言えることは、香港の約束された自治を侵食している責任者を非難することをためらうつもりはないということである。そして、このようなことが起きた場合、私たちは声を上げるだけでなく、状況に応じて、米国が使うことのできる他の行動を取ることも躊躇《ちゅうちょ》しない」

米国連邦議会のベン・カーディン上院外交委員長も同日、次のような声明を発表しました。

「広範で曖昧な定義、特に『国家秘密』の共有や『域外干渉』への関与に対する罰則は、これらの法律で想定される『域外適用』とともに、香港の自治と自由の名残に冷ややかな影響を与えるだろう」

「香港の米国市民、企業、独立メディアの安全や業務に与える影響についても憂慮している」

「北京政府と香港政府に対し、第二十三条立法（『国家安全維持条例』）と二〇二〇年『国家安全維持法』を撤回し、香港の人々の基本的権利と自由を回復するよう求める」

「中国による香港における基本的自由に対する継続的な弾圧に鑑み、米国議会は、香港特別行政区が米国法の下で受けている優遇措置について引き続き評価を行う」

このほか、ＥＵ、カナダ、オーストラリア等から懸念が表明されました。

もちろん、我が国も、同年三月二十日に、次のような外務報道官談話を発出しました。

「香港は、平成九年（一九九七）の返還以来、『一国二制度』の下、多様な意見を尊重する自由で開かれた体制がもたらす繁栄を享受し、アジアの金融センターとして発展してきました。こうした観点から、香港において、自由で開かれた体制が維持され、民主的、安定的に発展していくことが重要であるというのが我が国の一貫した立場です」

「香港をめぐる情勢については、令和二年（二〇二〇）六月の香港特別行政区国家安全維持法の制定、令和三年（二〇二一）三月の香港における選挙制度に関する香港基本法の規定の変更についての決定等、『一国二制度』への信頼を損なわせる状況が続いており、重大な懸念を強めていると表明してきたところです」

「そのような中、『国家安全維持条例』が成立したことは、『一国二制度』への信頼をさらに損なわせるものであり、改めて重大な懸念を表明します」

「日本政府として、引き続き状況を注視するとともに、緊密な経済関係を有する香港における日本国民や日本企業等の活動や権利がこれまでと同様に尊重、保護されるとともに、香港市民の権利や自由が尊重されるよう、引き続き関係国と連携しつつ、中国政府及び香港当局に対して求めていきます」

令和六年（二〇二四）二月十八日に中国国家外貨管理局が公表した『国際収支統計』によると、令和五年（二〇二三）の外資企業による中国への直接投資は、前年比八二％減になりました。

新規投資額も減少していますが、そこから差し引かれる事業撤退や事業縮小による資金回収額が増えていることが特徴です。

各国の企業が、『反スパイ法』等の各種法制度、米中対立の激化、中国経済の減速等の影響を懸念しつつあるのだろうと思います。

日本企業に関しても、二月十四日にＪＥＴＲＯ《ジェトロ》（日本貿易振興機構）が公表した令和五年（二〇二三）度の『日本企業の海外事業展開に関するアンケート調査』では「中国で既存事業の拡充や新規ビジネスを検討する企業の割合」は三三・九％となり、過去十年で最低となりました。

令和二年（二〇二〇）の『香港国家安全維持法』と、同法を補完する令和六年（二〇二四）

の『国家安全維持条例』により、香港経済にも深刻な影響が及ぶと考えますが、香港滞在中の日本人の皆様には、細心の注意を払っていただきたいと願っています。

安倍元総理が築いた日台の友情

ところで、令和六年（二〇二四）四月三日に台湾で発生した大地震でお亡くなりになった方々に哀悼の誠を捧げ、怪我をされた多くの方々、住居を失った皆様にお見舞いを申し上げたいと思います。

日本で大災害が発生するたびに、早々に心強い支援をしてくださった台湾の皆様への感謝の気持ちを、日本人は忘れていません。各所で募金活動が行われました。一日も早い復旧と復興をお祈り申し上げた次第です。

そんな中、令和六年（二〇二四）五月二十日、頼清徳《らいせいとく》新総統の就任式が行われました。一層のご活躍を祈念致します。併せて、蔡英文《さいえいぶん》前総統のご功績に敬意を表し、日本への数々のご厚情に感謝を申し上げます。

台湾は新たな一歩を踏み出しましたが、今後、日台関係はどのような関係を構築するべきでしょうか。

振り返ると二年前の令和四年（二〇二二）は「日中国交《こっこう》正常化五十周年」でした。しかし、はたして、この五十年が本当に「正常化」だったと言えるのか。正しくは「日台断交五十年」「日中国交樹立五十年」と呼ぶべき年だと考えています。

日台は五十年で何を失い、何を得たのか——失ったものは「真の友人である国家」ですが、得たものも「真の友人」です。日台は断交後も緻密な関係を保ち、むしろ、その絆《きずな》は一層強固になりつつあります。世界的にも稀有《けう》なことですが、三回忌（令和四年〈二〇二二〉だった李登輝元総統や、去る令和四年（二〇二二）七月八日に凶弾に倒れられた安倍晋三元総理の大きなご功績です。

私は「まさかのときの友人こそが、真の友人だ」と考えています。

日台は、これまで幾多の「まさかのとき」に苦楽をともにしてきました。直近で経験した「まさかのとき」は、まさしく安倍元総理の急逝でした。

台湾からは頼清徳副総統（当時）が早々に来日され、弔問してくださいました。お通夜とご葬儀にご参列いただき、自民党役員として、また若手議員時代からの友人として、深く感謝を申し上げました。

また、令和四年（二〇二二）七月十一日には、蔡英文総統（当時）が台北にある日本台湾交流協会（大使館に相当する）を弔問《ちょうもん》してくださいました。祭壇に置かれた安倍元総理の遺影に花を捧げ、色紙に「台湾の永遠の良き友よ、台日友好と世界の民主主義、自由、人権、平和に対するあなたの貢献に感謝する」と記してくださいました。台湾国内の献花台には約一万五千人もの方々が、暑いなか、足を運んでくださったとうかがいました。

また、超高層ビル「台北１０１」に安倍元総理を追悼するメッセージが早々に流れたこともテレビ映像で拝見し、感動しました。七月十一日には、台湾の政府機関や公立の学校で哀悼の意を示すため半旗を掲げてくださったと聞きました（総統府の情報）。いずれも大変ありがたいことだと感じました。

台湾の方々による追悼の動きは日本でも見られました。台湾の百七十五の企業や団体、個人からなる有志の皆様の共同出資で、安倍元総理を追悼する全面広告が産経新聞（令和四年〈二〇二〇〉七月十五日付）に掲載されました。笑みを浮かべる安倍元総理の写真とともにお悔やみの言葉、そして、

「私たちは、安倍元首相が世界の自由と民主主義のために果たされた偉大な功績を決して忘れません」

「遺志を私たちが引き継ぎ、台日親善を推進します」

というメッセージが添えられていました。

一口五万台湾元（約二十三万円）と、けっして安くはない金額にもかかわらず、わずか一日で百口以上の出資があったと聞いています。

ネット上で中国人の方々による〝お祝い投稿〟が相次いでいたこととは、まったく対照的な現象だと感じております。

安倍元総理が築いてくださった日台の友情は、このようにして、ずっと周辺の方々や思いをともにする方々によって引き継がれていくのでしょう。

「まさかのとき」の助け合い

中国による台湾に対する禁輸措置や感染症、災害等も「まさかのとき」でした。しかし、どんなときも日台は力を合わせて乗り越えてきました。

令和四年（二〇二二）六月十日、中国が台湾の高級魚である「ハタ」を禁輸した際には、「購入支援をしよう」と日本人が立ち上がりました。福島県から始まった動きですが、現在は「安倍先生のご遺志をつぐ」と山口県の企業も参加してくださいました。

同じく中国が禁輸した台湾産パイナップルについても、安倍元総理が「みんなで買おう」と呼びかけ、多くの日本人が購入してくださいました。国会でも購買会が開催され、私たち国会議員もたくさん購入させていただきました。その甲斐もあって、令和二年（二〇二〇）は中国向けが九割だった台湾産パイナップルの輸出先は、令和三年（二〇二一）には日本向けが六三・二％で一位となりました。

コロナ禍では、台湾のワクチン不足を受け、日本は台湾に対し、六回にわたって合計四百二十万回分のコロナワクチンを提供しました。台湾は日本に対し、パルスオキシメーター（血中酸素濃度計）一万個等、医療資材を提供してくださいました。

なにより、平成二十三年（二〇一一）に発生した東日本大震災では、どの国よりも早く台湾から総額二百億円を超える多額の義援金を賜りました。一方で、平成二十八年（二〇一六）に発生した台湾南部地震のときは、日本が救助隊を派遣し、義援金や救援物資を提供させていただきました。

そして令和四年（二〇二二）二月、福島第一原子力発電所の事故以来、各国地域が禁輸していた福島県から北関東を含む日本産の食料品について、台湾はほぼ全面的に輸入を解禁してくださいました。蔡英文前総統は、政治的には大変なリスクを覚悟の上で決断してくださったのだと思います。

このように日台間では、さまざまな「まさかのとき」の助け合いが、ずっと続いてきたわけです。

今日までの日台関係を考えると、やはり〝安倍元総理なくして今日の日台関係なし〟だと実感しています。

平成二十四年（二〇一二）三月十一日、民主党政権下で東日本大震災の慰霊式典が行われました。私も出席していましたが、台湾に対して本当に失礼な振る舞いがあったことを覚えています。この後、安倍元総理のフェイスブックの記載をご紹介しますので、何が起きたのかは分かっていただけると思います。

平成二十四年（二〇一二）十二月の衆議院選挙で、自民党は政権与党に復帰させていただき、同月、第二次安倍内閣が発足しました。

翌平成二十五年（二〇一三）三月十一日にも、東日本大震災慰霊式典が挙行されました。

その後、安倍元総理は、フェイスブックに次のような文章を投稿されました。

「三月十一日の東日本大震災慰霊式典に『台湾の代表の取り扱い』を理由に中国が欠席いたしました。

昨年行われた慰霊式典では、台湾の代表は招待され出席していたにも関わらず名前すら読み上げられませんでした。

震災発生時、台湾は世界のどの国よりも多額の二百億円を超える義援金を贈ってくれた大切な日本の友人です。台湾の人々の気持ちを傷つける非礼な対応でした。

今年はこの対応を改め、台湾に対し感謝の意を込めて『指名献花』をしていただくことにいたしました。

このことに対して中国が代表を送らなかったことは大変残念なことであります。

しかし私たちはこれからも礼儀正しくありたいと思います。

そして多くの支援をいただいた台湾をはじめ全ての国に対して、感謝の思いでいっぱいであります」

この安倍元総理のご遺志を多くの同志議員とともにしっかりと引き継ぎ、台湾と一層強固な関係を構築していく決意です。

「台湾有事は日本有事」の真意

自民党政調会としても、台湾との政策面での連携を強化するべく、令和三年（二〇二一）は、自民党と台湾の民進党との間で「2プラス2」を開催しました。一回目は外交部会長（佐藤正久議員）と国防部会長（大塚拓議員）が、二回目は外交部会長と経済産業部会長（石川昭政議員）が、民進党のカウンターパートと議論を行いました。

また令和三年（二〇二一）十月、私が政調会長に就任した直後に行われた衆議院選挙では、自民党の政権公約で、台湾を「普遍的価値を共有するパートナー」と位置づけ、連携を強化すること、台湾のTPP加盟申請を歓迎すること、台湾のWHO総会へのオブザーバー参加を応援することを明記しました。先だっての参議院選挙の公約にも、台湾等との連携を強化する旨を改めて書かせていただきました。

安倍元総理は「台湾有事は日本有事」という言葉を遺されました。これは当然のことです。台湾と与那国島《よなぐにじま》は約百十キロメートルしか離れていません。「台湾有事＝東京都と熱海市の中間地点に中国の戦艦と戦闘機が展開する」と想像していただければ、安倍元総理が残された言葉の意味を理解していただけるはずです。日本は確実に戦域に入ります。

軍事面だけではありません。経済安全保障においても、「台湾有事は日本有事」なのです。ロシアによるウクライナ侵略により、原油やLNG（液化天然ガス）の価格高騰や争奪戦に対する心配の声が聞かれました。ただ、よく考えてみると、令和三年（二〇二一）の時点で、日本がロシアから輸入している原油の量はわずか三・六％、LNGは八・八％でした。

ところが、台湾南部のバシー海峡を通過してくる原油は、日本全体の約九〇％、そしてLNGは約六〇％。仮に台湾有事が発生したら「日本の生命線」は断ち切られてしまいます。それくらい台湾有事は日本にとって深刻な問題なのです。

私は、「台湾を第二の香港にしてはならない」という強い思いを持っています。

台湾の大手半導体企業「台湾積体電路製造」（TSMC）の工場が令和六年（二〇二四）一月、熊本県菊陽町で完成したことで、地元特需に沸き、半導体のサプライチェーン強靭化に向けた期待が高まっています。経済産業省も積極的に支援しています。

TSMCは世界有数の技術を持つ企業です。現在、原子・分子や小型のクラスターといった「シングルナノメートル」サイズの半導体チップを製造できるのは、世界中を見わたしてもTSMCと韓国のサムスン、米国のインテルしかありませんが、インテルは脱落しつつあると言われています。

ちなみに、日本の半導体産業は没落したと思われがちですが、半導体全体で見ると日本はまだ負けていません。「ロジック半導体」（演算処理）では、日本のルネサスが世界シェア一位です。「パワー半導体」（電力の制御や供給）や「ＮＡＮＤフラッシュメモリ」（データ記録）でも、日本企業は世界シェアの上位です。

ＴＳＭＣの工場の完成を受け、ソニーが「ＣＭＯＳイメージセンサ」（光の強弱を電気信号に変換する半導体素子）の製造を委託する話が出ていますが、この分野においてソニーは世界シェアの四五％を占めており、ダントツの一位です。ＴＳＭＣとソニーがともに技術提携し、そこに日本の国立研究機関等も参加すると、素晴らしいイノベーションが起こることは想像に難くありません。私自身、とても楽しみにしています。

しかし、仮に「台湾が第二の香港」となり、ＴＳＭＣが中国企業とみなされ、中国の法制度が適用されるような事態になれば、共同研究開発はもちろん、共同生産もできません。中国のさまざまな国内法が適用されると、日本の機微技術や先端技術の流出リスクが高まってしまうからです。

すでに心配なこともあります。令和三年（二〇二一）四月七日に、米紙『ワシントン・ポスト』が、TSMCの取引き先である台湾企業「世芯電子」を経由して、中国の電子企業「天津飛騰」にTSMCの半導体製品が納入されたと報じられました。

天津飛騰は、中国人民解放軍の極超音速兵器開発用スーパーコンピュータのCPU（中央演算処理装置）を製造している企業です。つまり、台湾の国内企業を介して中国の軍事関連企業がTSMC製の半導体を兵器開発に利用している可能性があるのです。世芯電子のウェブサイトによると、収益の三九％が天津飛騰関連ですから、大きな懸念材料であることは間違いありません。

日本は台湾と協力し、私たちの生活を豊かに便利にする民生技術が私たちの身を危険に晒《さら》す中国の兵器に利用されないよう、対策を講じるべきです。

中国の法制度に注意

「台湾を第二の香港にしてはならない」という強い思いを持っていると記しましたが、仮に台湾に中国の法律が適用されたら、どんなことが起きるのかを明確にイメージしていただくために、また、日本と台湾の企業が欧米のサプライチェーンから排除されないようにするためにも、私が危機感を持っている中国の法制度について、いくつかご紹介します。『中国共産党規約』第三十条は、「企業、農村、政府機関、学校、科学研究機関、住民区・コミュニティ、社会組織、人民解放軍の中隊およびその他の末端組織で、正式党員が三名以上いる場合、すべて党の基層組織をつくるものとする」と規定しています。中国の『会社法』第十八条は、「会社においては、中国共産党規約の規定に基づき、会社内に中国共産党の組織を設置し、党の活動を展開するものとする。会社は、党組織の活動のために必要な条件を提供しなければならない」と規定しています。

つまり、日本国内であっても、規則上、中国共産党員が三名以上いる企業では、『会社法』と『中国共産党規約』に従って、中国共産党組織が設置されているということです。すでに令和二年（二〇二〇）、日本企業が中国で買収した子会社の経営判断が社内に設置された共産党組織に掌握された結果、架空取引の把握が遅れて上場廃止の危機に追い込まれるという事態が発生しました。

また、コロナ禍が始まった令和二年（二〇二〇）、私たちはマスク不足に苦しみましたが、当時、日本国内の中国企業が、中国共産党の指導の下で、在日中国大使館に協力し、大量の医療用マスクを購入していたことが、日本の情報機関によって把握されています。非常時の物資調達にも社員を動員できる、そのような形態の組織になっていることが想像できます。

これに対する米国の対応は速かったです。令和二年（二〇二〇）七月、ＦＢＩ長官が「中国国内に展開する米国企業のなかにも共産党組織が設置されていると言われている」として「警戒を要する」と懸念を表明。十月には中国共産党員の移民ビザ申請を不受理にする方針を発表し、十二月には中国共産党員とその近親者の短期商用ビザと観光ビザの有効期限を最大十年から一カ月に変更しています。

日本技術を狙う「外国人研究者」の存在

それだけではありません。中国の『国家情報法』第七条は、「いかなる組織及び公民も、国家情報工作を法に基づき支持、共助、協力しなければならない。国家は、国家情報工作を支持、共助、協力した個人と組織に対して、保護を与える」と規定しています。つまり、日本在住の中国人（令和元年〈二〇一九〉時点で七十八万人）や企業にも国家情報工作への協力義務が課されており、協力者を中国国家が保護するわけですから、これも経済安全保障上、大変な脅威になり得ます。

日本国内の企業や大学や研究機関の内部に設置された中国共産党組織が、「日本の先進技術や機微技術の流出拠点」となる懸念も大きい。

（『美しく、強く、成長する国へ。』99頁より）

中国が開発している極超音速兵器は、現在の日本の対空防衛システムでは迎撃することはできません。ところが、その開発のカギとなるスクラムジェットエンジンや設計技術、耐熱材料、流体力学、これらはすべて日本が強みを持つ民生技術です。残念ながら、これらの関連技術を支えている日本の大学や研究機関に中国科学院や国防七校（北京航空航天大学、北京理工大学、哈爾濱《ハルビン》工業大学、哈爾濱工程大学、南京航空航天大学、南京理工大学、西北工業大学）の研究者が入り込み、帰国後に中国の大学や研究機関で極超音速兵器関連の研究に従事している事例が多数確認されています。

令和四年（二〇二二）には、日本の国立大学在籍中に、私たちの税金である科学研究費補助金（科研費）を受け取って、ＪＡＸＡ（宇宙航空研究開発機構）の関連施設にも出入りし、中国に帰国した後に極超音速分野の新型実験装置の開発に成功した中国科学院の研究者が確認されました。この装置はＪＡＸＡの実験装置と酷似《こくじ》していると指摘されています。

日本の大学や研究機関は、研究者を受け入れる際のスクリーニングが甘いので、長年、日本の先端技術が日本人を狙う兵器に転用される危険性が指摘されていました。日本も、外国人研究者について、帰国後にどのような活動をしているのか、どこへ再就職したのか、大変な苦労をしながら一人ひとりチェックをしています。それだけにＪＡＸＡの事例は残念でなりません。

『不正競争防止法』があるから十分だという声もありますが、残念ながら、同法では学術研究機関の研究成果を守ることは困難です。「営業秘密」に指定しない限り、対象にはならないからです。

フランスやイタリア等、ビザ申請を受けた段階で外務省がスクリーニングを実施し、治安・情報機関等にも照会をかけながら入国させるか否か、判断を行っている国もあります。日本では出入国在留管理庁が、令和三年（二〇二一）三月から運用を強化しています。

これまでは最終学歴や簡単な報告事項のみで入国させていたのですが、これに加え、すべての職歴と学歴、資金提供者や共同開発者は誰か、についても申告させています。これにより在留資格を付与しないことも制度的には可能ですが、現時点では「該当実績がない」ということで、実効性の有無は不明です。

英国にも、大学院生レベルの理系研究者につき、法に基づき、外務省が責任をもって行うスクリーニング制度がありますが、申請内容に「中国共産党員か否か」「千人計画に参加したことがあるか否か」「研究成果の提供を本国に約束したか否か」といった項目が含まれていないことから、「知的財産の流出防止には不十分」との指摘がなされているとのことでした。

日本の出入国在留管理庁でも、さまざまな項目を付け加えながら、改善を続けていく必要があると思います。

台湾有事の日は近い

中国については、『国防法』と『国防動員法』についても、再認識すべきです。

令和二年（二〇二〇）に施行された『国防法』第五十三条は、「企業事業組織は、法に基づき、民兵及び予備役工作を完遂しなければならない」と規定し、第二十二条は、「民兵は、軍事機関の指揮下において、戦備業務を担当し、非戦争軍事行動任務および防衛作戦任務を遂行する」と規定しています。

平成二十二年（二〇一〇）に施行された『国防動員法』第五十五条は、「いかなる組織および個人も、法による民生用資源の徴用を受任する義務を有する」と規定しています。つまり、中国では、企業が「民兵・予備役業務を行うこと」や「資源の徴用に応じること」が法律で義務付けられており、いずれも外資企業にも適用されています。この点は、すでに『美しく、強く、成長する国へ。』で指摘しています。

非常時に日本企業の資産や施設が中国人民解放軍に徴用される危険性を有している。企業内の「人民武装部」は中国共産党への絶対服従を求められる上、軍の指揮下にあることから、所属企業の技術提供を求められた場合、拒否することは困難だろう。

（『美しく、強く、成長する国へ。』115頁より）

すでに日本の大手自動車メーカーと中国の国有企業の合弁会社のなかに民兵と予備役による「人民武装部」が設置されており、軍事訓練も実施されています。

企業内に設置された「人民武装部」は、党の指導への絶対服従を求められ、中国人民解放軍の指揮下にあるため、所属企業の技術情報を「軍に差し出せ」と指示された場合、拒否することは難しいでしょう。諜報活動だけではなく、軍事活動を展開する可能性も完全には否定できません。

そもそも、企業の管理が及ばない内部組織の存在は、コーポレートガバナンス（企業経営を管理監督する仕組み）上の問題にもなります。

いずれの法律を見ても、日本の企業経営者には、外国の法律の内容を十分に知ったうえで、海外企業との取引きや投資、雇用の判断をしていただく必要があります。各都道府県にはＪＥＴＲＯ（日本貿易振興機構）の事務所もありますから、大企業だけではなく、中小企業や小規模事業者にもこのような窓口を活用していただき、政府もしっかり情報提供をしていくことが必要です。日本企業のなかに中国人民解放軍の指揮下にある「人民武装部」がある、また日本企業のなかに中国共産党の基層組織が設置されているとなると、日本企業が欧米のサプライチェーンから完全に阻害されるリスクも生じますから。

それは、台湾も同じです。前記したように、ソニーと業務提携を結ぶＴＳＭＣが台湾国内の取引先を通じて中国の軍事関連企業とつながりがあるという疑いが生じると、日本として身構えるのは当然です。

そのような状況になると、せっかく台湾で生まれた素晴らしい技術を世界中の人々が安心して利用できなくなります。

しっかり日台の友情を深めながら、さまざまな情報交換を行えば、経済安全保障の分野でも、お互いに守り合うことができます。そして、繰り返しになりますが、「けっして台湾を第二の香港にしてはならない」――このような決意を持って、ともに歩んでいきましょう。

李登輝元総統や安倍元総理が築いてくださった〝日台の友好関係〟をしっかりと受け継ぎ、発展させ、残された「台湾有事への対応」という大きな課題について、力を合わせて知恵を絞り、備えを講じていかなければなりません。

※本書の第1章〜第7章は月刊『WiLL』（二〇二一年三月号〜二〇二四年九月号）で連載中の「早苗の国会月報」を加筆・修正、再構成したものです。また、第7章の一部は二〇二二年七月二十四日に「日本李登輝友の会」で筆者が講演した「日台関係50年—何を失い何を得たのか」の内容を加筆・修正したものです。

高市早苗（たかいち　さなえ）
1961年（昭和36年）生まれ、神戸大学経営学部卒業、（財）松下政経塾卒塾。米国連邦議会Congressional Fellow、近畿大学経済学部教授（産業政策論・中小企業論）を歴任。衆議院では、文部科学委員長、議院運営委員長等を歴任。自由民主党では、政務調査会長（3期）、経済安全保障推進本部長、サイバーセキュリティ対策本部長（2期）等を歴任。内閣では、通商産業政務次官、経済産業副大臣（3回任命）、内閣府特命担当大臣（5回任命）、総務大臣（5回任命で史上最長在職期間を記録）を歴任。2024年8月現在、衆議院議員（9期）、自由民主党奈良県第二選挙区支部長、経済安全保障担当大臣、内閣府特命担当大臣（クールジャパン戦略、知的財産戦略、科学技術政策、宇宙政策）。著書に『国力研究　日本列島を、強く豊かに。』（編著・産経新聞出版）、『日本の経済安全保障』（飛鳥新社）、『美しく、強く、成長する国へ。―私の「日本経済強靱化計画」―』（ワック）、『アズ・ア・タックスペイヤー』（祥伝社）、『サイバー攻撃から暮らしを守れ！』（編著・PHP研究所）等がある。

日本《にほん》を守《まも》る 強《つよ》く豊《ゆた》かに

2024年９月24日　初版発行

著　者　高市 早苗

発行者　鈴木 隆一

発行所　ワック株式会社
東京都千代田区五番町 4-5　五番町コスモビル　〒102-0076
電話　03-5226-7622
http://web-wac.co.jp/

印刷製本　大日本印刷株式会社

ISBN978-4-89831-907-9